로스쿨 합격을 위한 LEET 추리논증 필수학습서

조성우
추리논증
기본 개정 10판

조성우
추리논증 기본

지은이 조성우
발행일 초판 1쇄 2008년 5월 23일 개정 10판 2쇄 2023년 12월 29일
펴낸곳 메가로스쿨
출판등록 2007년 12월 12일 제 322-2007-000308호
주소 서울특별시 서초구 반포대로 81, 2층
주문전화 070-4014-5139 **팩스** 031-754-5145

• 메가로스쿨은 메가스터디(주)가 설립한 법학전문대학원 입시교육 브랜드입니다.
• 이 책은 저작권법에 따라 보호받는 저작물이므로 무단전재와 무단복제를 금지하며,
  책 내용의 전부 또는 일부를 이용하려면 반드시 저작권자와 출판권자의 서면 동의를 받아야 합니다.

추리논증의 이해와
학습전략

조성우 지음

메가로스쿨

개정10판 저자 서문

이 책은 'LEET 추리논증 핵심이론 정리 및 기출문제 유형별 학습'을 목적으로 만들어진 '기본강의' 교재로 추리논증 시험을 위한 두 번째 단계의 학습서이다. 기출문제의 중요성은 이제 강조하지 않아도 LEET를 준비하는 수험생이면 누구나 인식하고 있는 데 반하여, 기출문제를 어떻게 활용하여야 하는지는 모르는 수험생이 여전히 많은 것으로 파악된다.

일례로, 수험생 중에는 기출문제가 최상급 모의고사로서의 가치가 있기 때문에 아껴두었다가 시험 직전에 최종모의고사 문제로 풀어보는 것이 어떻겠냐는 질문을 하는 경우가 적지 않은데, 이는 매우 위험한 접근이다. 기출문제는 시험 직전에 모의고사로 한 번 풀어볼 정도의 자료가 아니라, 수험생활을 하는 동안 내내 곱씹어 가며 분석하고 학습에 활용해야 할 자료이기 때문이다. 또한 시험 직전에 기출문제를 풀어보고 자신이 제대로 방향을 잡고 학습하지 못했음을 그때 깨닫게 된다면 이때는 만회할 시간이 없고, 설령 점수가 좋게 나왔다 하더라도 시험을 준비하면서 학습서와 강의 등을 통해 이미 직간접적으로 기출문제를 접한 후에 나온 점수라는 점에서 자신의 실력을 제대로 보여주는 점수라고도 할 수도 없기 때문이다. 따라서 LEET 강의 등을 통해 기출문제를 직간접적으로 접하기 전에, 실전과 동일한 상황에서 풀어봄으로써 자신의 현 주소를 파악하고, 이를 학습에 적극적으로 활용하는 것이 현명한 접근이다.

하지만 추리논증 입문자의 경우, LEET 기출문제를 실전처럼 바로 풀어본다는 것이 매우 부담스러울 수도 있고, 몇 회분 정도 풀어봤는데 계속 풀어보는 게 의미가 있나 싶을 정도로 커다란 벽을 느낄 수도 있다. 이러한 측면을 고려하여 기출문제를 풀어보기 전에, 추리논증의 핵심이론을 밀도 있게 학습하고 이를 LEET 예시문항 및 PSAT 기출문제와 연결시켜 학습하는 첫 번째 단계의 강의 및 교재가 '기초입문강의'이고 '추리논증 기초' 교재이다. 대부분의 수강생들이, 심지어 고득점을 획득한 합격생들도 매우 큰 도움이 된 필수강좌라고 적극적으로 추천하고 있는 만큼, 너무 늦게 시험 준비를 시작한 것이 아니라면, 그리고 제대로 학습하고자 한다면, 기초입문교재를 먼저 학습하거나 병행할 것을 권한다.

두 번째 단계의 학습서인 본 교재는 시험을 준비하는 수험생들이 가장 많이 수강하고 있는 필자의 대표강의인 '기본강의'의 교재로, 제한된 지면에 시험에 필요한 내용을 빠짐없이 최대한 담아 왔다. 그러다 보니 강의 도움을 빌지 않고 혼자 추리논증 학습을 처음 시작하는 수험생에게는 이 책보다는 기초입문교재가 더 적합하다. 기초입문교재의 경우에는 독습이 가능하도록 최대한 친절하게 그리고 수험적합성 있게, 문제 설명 및 학습가이드를 제공하였기 때문이다.

그럼 이제 본 교재의 특징과 개정된 내용들을 소개하도록 하겠다.

첫째, 가장 효과적인 학습 틀인 '추리논증 핵심이론 및 기출문제 유형별·소재별 학습서'로서의 틀을 유지하면서, 수험적합성을 1순위 기준으로 하여 최신기출을 업데이트하며 완성도를 높이는 쪽으로 개정작업을 진행하였다.

이 책은 크게 3권으로 구성되어 있고 각권 해설집까지 고려하면 총 5권으로 구성되어 있다. 제1권은 '추리논증의 이해와 학습전략'으로 수험에 필요한 학습가이드를 담았고, 제2권은 '추리영역'을, 제3권은 '논증영역'을 담아 구성하였다.

둘째, 개정7판(2018년 출간)까지는, 가능한 중요 기출문제를 모두 유형별로 분류하여 한 권의 책에 담고자 하였기에, 법학전문대학원협의회가 출제를 맡기 시작한 2012 LEET부터 2018 LEET까지의 전체 문항과 추리논증 체계를 파악하는 데 필요한 필수문항들을 유형별·소재별로 모두 분류해서 핵심이론과 함께 기본교재에 실었다. 그러나 개정8판(2019년 출간)부터는 제한된 기본강의시간을 고려할 때 더 이상 한 권의 책에 모든 기출문제를 담을 수 없어, 최대한 기출유형별 분석 및 반복학습의 효과를 극대화할 수 있도록 책을 구성함과 동시에 추가적으로 보충교재제작 및 특강을 진행하였다. 결과적으로 이번 개정10판은 핵심이론과 함께 283문항으로 구성하였다.

참고로, 2021년 모든 기출문제를 함께 학습할 수 있는 훈련용 교재(전체기출문항의 유형별 훈련서 - 훈련편1, 훈련편2)를 출간하였고, 기출 전체 법률형 문제의 학습을 원하는 수험생들의 요구에 부응하여 법률특강1(2014년 진행)에 이어 개정10판 출간 직전인 2022년 10월에 법률특강2를 진행하였다. 따라서 전체 기출문제를 유형별로 학습하고자 하는 수험생의 경우에는 교재 마지막 장에 소개된 훈련용 교재와 강의를 참조하여 학습할 것을 권한다.

셋째, 기본강의 중 가장 최신 시험문제(2023 LEET)는 건드리지 않고 강의가 끝난 후 특강 형태로 실제시험처럼 풀어보고 분석하고자 하는 의도에서, 이번 개정10판에서도 2023 LEET 기출문제는 교재에 싣지 않았다. 따라서 기출특강 수강을 함께 할 수 없는 수험생들은 2023 LEET 기출문제를 법학적성시험 홈페이지(http://www.leet.or.kr)에서 다운받아 풀어보고 법학전문대학원 해설집(또는 메가로스쿨 해설집)을 참고할 것을 권한다.

모쪼록 수험생에게 보다 도움이 되는 교재나 강의가 되도록 나름 최선을 다하고 있는 만큼 본서나 강의를 잘 활용하여 차별화된 결과가 있기를 바란다. 성공하는 사람은 '생각'이 다르고, '생각'이 다른 만큼 다르게 '행동'한다. 이 책을 펼쳐든 여러분이 성공하는 사람의 생각방식과 행동으로 목표한 바를 꼭 성취하고 훌륭한 법조인이 되길 바라면서 글을 맺는다.

2022년 12월

조성우

개정7판 서문 중 일부 발췌

(앞부분 생략)

수험생 중에는 기출문제를 풀고 한 문제 한 문제 꼼꼼히 분석하였다고 하지만, 판단기준을 구체화하지 못하고 각각의 문제들을 유기적으로 연결시키지 못하여 실력 향상으로 이어지지 않는 사례가 적지 않다. 이러한 측면과 다양한 학습 시 애로사항을 수렴하여 구성한 교재가 바로 'LEET 추리논증 핵심이론 및 기출문제 유형별 학습서'인 이 책이다.

기타 이 책의 특징은 뒤에 이어지는 개정6판 서문을 참조하고, 지난 개정6판과 달라진 본 교재(개정7판)의 특징을 끝으로 언급한다면, 첫째, 2016년 12월 확정되고 2019 LEET부터 전격 반영된 개선안을 고려하여 교재 편제에 변화를 주었고, 지난 개정6판에 비해 완성도와 가독성을 높이고자 하였다.

(뒷부분 생략)

2018년 12월

조성우

개정6판 저자 서문

이 책은 'LEET 추리논증 핵심이론 정리와 기출문제 유형별 학습'을 목적으로 만들어진 '기본강의' 교재이다. 이 책에서는 LEET 추리논증 시험을 위해 반드시 학습해야 할 내용들과 문제들을 다루고 있고 적성평가시험인 추리논증의 학습방법을 구체적으로 제시하고 있다.

필자의 책과 강의는 제1회 법학적성시험(LEET) 이후로 수석합격자를 비롯한 대다수의 합격자로부터 수험적합성이 가장 높은 것으로 평가받아 왔다. 그 이유는 출제기관의 지침을 하나도 빠짐없이 철저히 분석하고 이를 구체화하여 책을 구성하였고 실전을 항상 염두에 두고 강의를 진행하였기 때문일 것이다. 그 결과로 책과 강의를 통해 몸에 익힌 문제유형들이 시험에 다수 출제되어 필자와 함께 추리논증 학습을 제대로 한 학생들은 추리논증 영역에서 기대 이상의 결실을 거두어 왔다.

LEET와 같은 적성시험 내지 능력평가시험은 어떤 특정 지식을 알고 있는지를 확인하는 시험이 아니라 문제를 해결하는 능력을 평가하는 시험이기 때문에 "좋은 문제"를 가지고 "제대로" 학습하는 것이 매우 중요하다. 단순히 논리학, 수학 등을 학습하는 것으로 충분치 않고 그것을 왜 배우는지, 어떻게 문제 해결에 활용할 수 있는지를 문제를 통해 습득하는 것이 중요하다. 특히 언어적 자료인 논증(論證)문제의 경우에는 주관성이 개입될 여지가 많으므로 충분히 객관성이 확보된 문제로 답안 선택의 기준을 익히는 것이 더욱 중요하다고 할 수 있다.

따라서 개정 6판에서도 여전히 가장 효과적인 학습 틀인 '추리논증 핵심이론 및 기출문제 유형별 학습서'로서의 틀을 유지하면서 좀 더 수험적합성을 높이는 쪽으로 집필의 방향을 설정하고 개정작업을 진행하였다.

LEET 추리논증 학습에 있어 가장 중요한 자료는 "기출문제"이다. 기출문제는 추리논증 학습의 '보고(寶庫)'이자 일종의 '판례(判例)'와 같다. 그래서 필자의 대표강의인 기본강의에서는 "추리논증 핵심이론 및 기출문제 유형별 분석"을 목표로 교재를 구성하여 강의를 진행해 왔다. 그런데 LEET가 시행된 지 벌써 9년이 되다 보니 기본강의에서 다루어야 할 기출문제의 양이 많아져, 2년 전부터는 기본강의에서 자세히 설명하던 기초 이론과 문제의 상당 부분을 입문강의로 내리고 기본강의에서는 "추리논증 핵심이론과 LEET 기출문제"를 보다 집중적으로 다루어 왔다.

이러한 점을 고려할 때 강의의 도움을 받지 않고 혼자 추리논증 학습을 처음 시작하는 수험생에게 이 책은 적절치 않다. 추리논증 입문자의 경우에는 이 책을 보기 전에 〈조성우 추리논증 기초〉를 먼저 학습할 것을 권한다. 입문교재는 독습이 가능하도록 최대한 친절하게 그리고 수험적합성 있게, 문제 설명 및 학습가이드를 제공하였다.

따라서 입문서를 학습한 후에 또는 입문서와 함께 이 책으로 학습한다면 학습의 효과는 배가(倍加)될 것이다. 본서에 수록된 핵심이론 및 문제는 추리논증 문제해결을 위해 꼭 필요한 내용과 LEET 기출문제를 포함한 공인된 시험을 통해 객관적으로 충분히 검증된 좋은 문제들로만 구성되었으므로 한 문제 한 문제 제대로 학습하고 여러 번에 걸쳐 반복적으로 학습하면서 효율적인 문제해결방법 및 객관적인 판단기준을 확립해 갈 것을 권한다.

마지막으로 수험생에게 보다 도움이 되는 교재를 제작하기 위해 나름 고민 고민하며 작업에 임한 만큼 본서와 인연을 맺은 이들에게 차별화된 결과가 있기를 기대해 본다. 성공하는 사람은 '생각'이 다르고, '생각'이 다른 만큼 다르게 '행동'한다. 이 책을 펼쳐든 여러분은 성공하는 사람의 생각방식과 행동으로 목표한 바를 꼭 성취하기 바란다.

2017년 1월

조성우

Legal
Education
Eligibility
Test

추리논증의
이해와
학습전략

CONTENTS

CHAPTER 1 추리논증의 이해   10
    Ⅰ. 법학적성시험(LEET)이란?   11
    Ⅱ. 법학적성시험 추리논증 영역   18
    Ⅲ. 추리논증 기출문제 문항 분석   36

CHAPTER 2 추리논증 학습전략   44
    Ⅰ. 추리논증, 무엇을 어떻게 공부하여야 하는가?   45
    Ⅱ. 합격생들의 추리논증 학습 방법   54
    Ⅲ. 제1회 2020 LEET 장학생의 고득점 학습 Tip   67
    Ⅳ. 제2회 2021 LEET 장학생의 고득점 학습 Tip   77
    Ⅴ. 제3회 2022 LEET 장학생의 고득점 학습 Tip   89
    Ⅵ. 제4회 2023 LEET 장학생의 고득점 학습 Tip   96

CHAPTER 3 추리논증 학습의 실제   104
    Ⅰ. 문제 해결을 위해 논리학은 어느 정도 필요한가?   105
    Ⅱ. 일상언어추리 및 논증문항, 어떻게 학습해야 할까?   109
    Ⅲ. 수리추리&논리게임, 무조건 포기할 것인가?   117
    Ⅳ. 효율적인 문제해결방법은 존재하는가?   122
    Ⅴ. PSAT 등 유사적성시험 문제, 반드시 풀어야 하는가?   126

CHAPTER 1
추리논증의 이해

핵심 내용
| 법학적성시험(LEET)이란?
| 법학적성시험 추리논증 영역
| 추리논증 기출문제 문항 분석

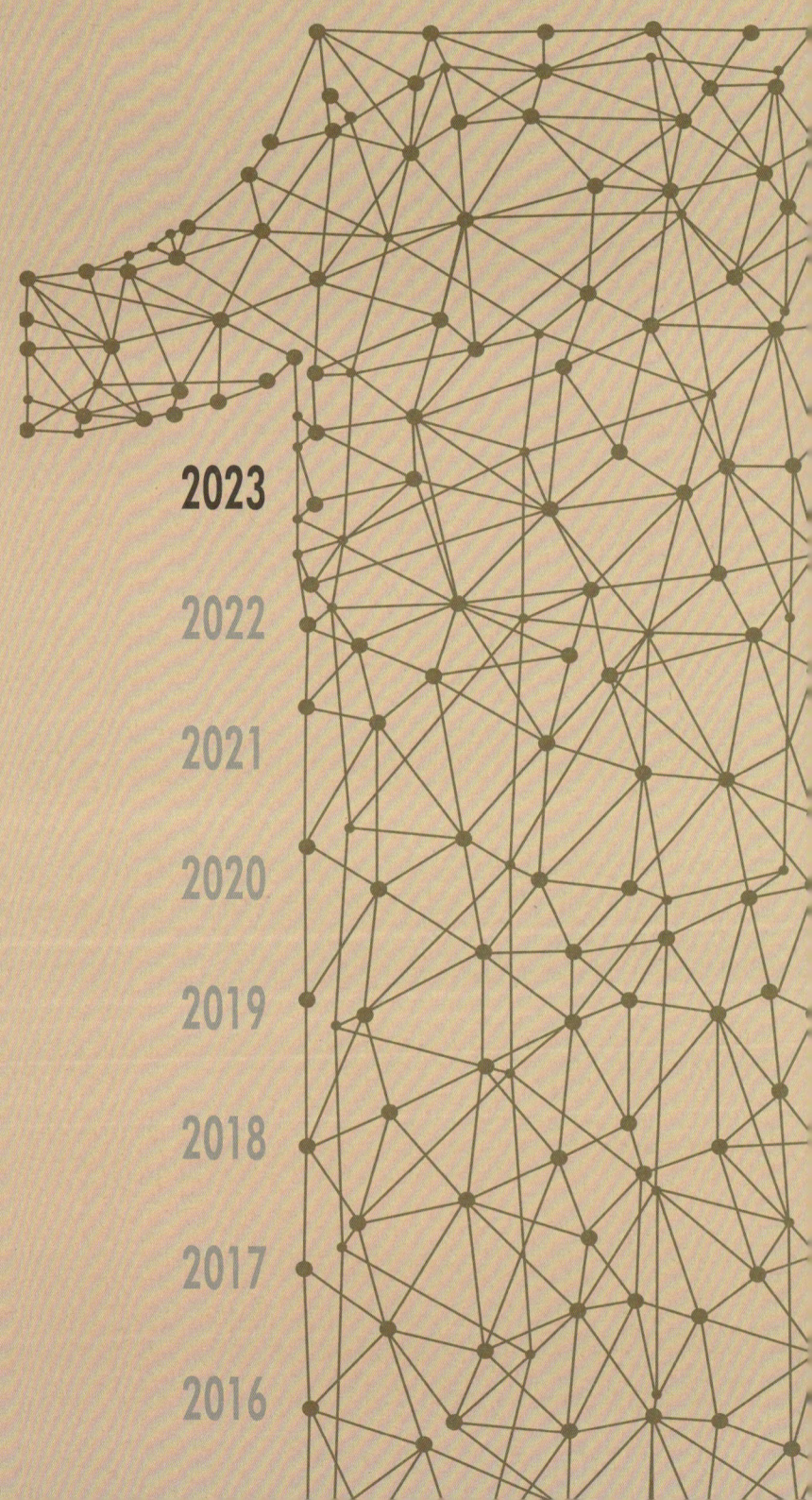

2023

2022

2021

2020

2019

2018

2017

2016

I. 법학적성시험(LEET)이란?

> LEET를 준비하면서 새로운 제도의 취지와 출제기관의 출제지침을 정확하게 이해하지 않고 더욱이 그 결과물인 기출문제를 정확하게 분석치 않고 학습에 임하는 것은 지도 없이 길을 떠나는 것과 같다.[1]

1 법학적성시험(LEET)이란?

법학적성시험은 법학전문대학원[2] 교육을 이수하는 데 필요한 수학능력과 법조인으로서 지녀야 할 기본적 소양과 잠재적인 적성을 가지고 있는가를 측정하는 시험이다.

법학적성시험은 법학전문대학원 교육에 필요한 기본능력과 소양을 측정하는 시험으로서, 법학전문대학원 입학 전형에서 적격자 선발 기능을 제고하고, 법학 교육 발전을 도모하는 데 목적이 있다.[3]

2 법학적성시험의 성격 및 특징

- 일반 지능검사보다는 범위와 폭이 좁고, 법학이라는 특수 분야보다는 넓은 영역에 걸친 검사라고 할 수 있을 것이다.

- 법학적성시험은 진학적성검사 중에서 일반 능력을 측정하는 SAT(Scholastic Ability Test)나 공직적성평가보다는 특수 적성검사에 가깝고, 학업 적성을 평가하는 ACT(American College Testing)보다는 일반 적성검사에 가까운 성격을 갖는다.

- 법학적성시험은 전통적인 현상 중심 영역보다는 사고 기능 중심으로 영역을 설정하였다.[4]

- 공직적성평가는 평가영역을 언어논리, 자료해석, 상황판단의 핵심 사고 영역으로 설정하였다는 점에서 법학적성시험이 벤치마킹할 만한 제도이다.[5]

---

1) 지금까지 발표된 한국교육과정평가원의 연구 자료(2006년)와 예비시험 설명자료(2007년 12월), 1, 2차 예시문제 및 2008년 1월 26일 시행된 예비시험문제, 법학전문대학원 협의회의 자료집(2015년 4월 "법학적성시험의 성과와 발전방향 공청회" 자료집, 2016년 12월에 발표된 법학적성시험 개선계획 자료, 2018년 5월 진행한 전국순회설명회의 책자인 '2019 로스쿨 인사이드'), 그리고 2018년까지 치러진 11번의 법학적성시험문제는 추리논증 영역의 학습범위와 내용, 공부방법론 도출의 기준이 되어야 한다는 점에서 매우 중요하다.

2) 우리나라에서는 다원화·국제화 시대에 부응할 수 있는 유능한 법조인을 양성하여 질 높은 법률 서비스를 제공할 수 있는 고급 전문인력 양성체제를 구축하고자 2009학년도부터 법학전문대학원 제도를 도입하기로 하였다.

3) 법학전문대학원협의회, 「법학적성시험안내서」, 2016. 7. p.9, 「로스쿨 인사이드」, 2018. 5, p.4.

3 법학적성시험의 시험 영역 및 시험 시간[6]

법학적성시험의 평가영역은 언어이해, 추리논증 그리고 논술시험으로 이루어진다. 2016년 12월 발표된 법학적성시험 개선계획에 따라 2019학년도 법학적성시험(2018년 7월 15일 시행)부터는 아래와 같이 문항수와 시험시간이 변경되어 시행되고 있다.[7]

교시	시험영역	문항 수	시험 시간		문항 형태
1	언어이해	30	09:00~10:10	70분	5지선다형
2	추리논증	40	10:45~12:50	125분	5지선다형
	점심시간		12:50~13:50		
3	논술	2	14:00~15:50	110분	서답형
계	3개 영역	72문항		305분	

※ 법학전문대학원 입시에서 정량평가 비중이 강화됨에 따라 법학적성시험의 타당성과 신뢰도를 제고하기 위한 개선안을 적용하기로 함. (2016.12 발표)

참고로 2010학년도부터 2018학년도까지 시행된 법학적성시험의 문항수와 시험시간은 아래와 같다.

교시	시험영역	문항 수	시험 시간		문항 형태
1	언어이해	35	09:00~10:20	80분	5지선다형
2	추리논증	35	11:00~12:50	110분	5지선다형
	점심시간		12:50~13:50		
3	논술	2	14:00~16:00	120분	서답형
계	3개 영역	72문항		310분	

---

4) 현상 중심(학문 영역)의 시험으로는 의·치의학교육입문검사(언어추론, 자연과학추론Ⅰ, 자연과학추론Ⅱ), 대학수학능력시험(언어, 사회탐구, 과학탐구, 직업탐구, 제2외국어, 영어)이 있고, 사고 기능 중심의 시험으로는 공직적격성검사(언어논리, 자료해석, 상황 판단), 일본 법학적성시험(언어능력, 분석능력, 추론능력), 미국 법학적성검사(독해력, 분석 추론력, 논리 추론력, 쓰기 능력)이 있다.

5) 다만 지식을 배제하고 사고력과 문제 해결력 중심으로 평가를 하다 보니 문항 형식이 지나치게 단순하고, 영역별 40문항씩 출제하지만 유형별로 분류하면 그 수가 많지 않아 문항 유형의 다양화 측면에서는 개선의 여지가 있다고 할 수 있다. 즉, 문항수는 많지만 실제 평가하는 능력은 좁은 범위를 벗어나기 어려운 한계가 있다고 할 수 있다. 법학적성시험에서는 이러한 문제를 극복하여야 할 것으로 판단된다(한국교육과정평가원, 2006, pp. 37~38).

언어이해 〈언어이해〉 영역은 인문, 사회, 과학기술, 법·규범 분야의 다양한 학문적 또는 학제적 소재를 활용하여 법학전문대학원 교육에 필요한 독해 능력, 의사소통 능력 및 종합적인 사고력을 측정하는 시험이다. 〈언어이해〉 영역은 비교적 장문의 지문을 제시한 뒤, 텍스트의 중심 내용, 논지, 결론 등을 파악하고, 문제를 해결하는 데 필요한 정보를 찾아내고, 그로부터 일상 언어의 언어 능력을 이용하여 간단히 추리함으로써 지문에 명시되지 않은 정보들을 알아내고, 또 텍스트의 전개 방식과 글쓰기 특징, 글의 구성이나 논증 등을 비판적으로 검토하도록 요구하는 문제들로 이루어진다. 한마디로 길게 주어진 지문에 대하여 이해 및 분석 활동을 요구하는 시험이다.

〈 언어이해 영역 문항분류표 〉

문항 유형 내용 영역	주제·요지· 구조 파악	의도·관점· 입장 파악	정보의 확인과 재구성	정보의 추론과 해석	정보의 평가와 적용
인문					
사회					
과학기술					
법·규범					

| **주제·요지·구조 파악** | 제시문 전체 또는 부분의 주제, 중심 생각과 요지를 파악하는 능력을 측정함. 문장이나 문단과 같은 부분이 수행하는 기능이나 역할을 고려하여 제시문 전체의 구조와 전개 방식을 파악하는 능력을 측정함.

| **의도·관점·입장 파악** | 글쓴이 또는 제시문에 소개된 인물이 가진 의도, 관점, 입장, 태도를 파악하는 능력을 측정함.

| **정보의 확인과 재구성** | 제시문에 나타난 정보 및 정보의 관계를 정확히 파악하여 다른 표현으로 재구성할 수 있는 능력을 측성함.

| **정보의 추론과 해석** | 제시문에 제시된 정보를 바탕으로 새로운 정보를 추론할 수 있는 능력을 측정함. 맥락을 고려한 해석을 통하여 정보가 가지는 적합한 의미를 밝힐 수 있는 능력을 측정함.

| **정보의 평가와 적용** | 제시문에 주어진 논증이나 설명의 타당성을 평가할 수 있는 능력을 측정함. 제시문에 소개된 원리를 새로운 사례나 상황에 적용할 수 있는 능력을 측정함.

---

6) 법학전문대학원협의회, 「법학적성시험안내서」, 2016. 7. 와 「로스쿨 인사이드」, 2018. 5.의 주요 내용을 발췌 인용함.

7) 법학적성시험 연구사업단은 기초 연구, 공청회, 모의시험, 자문회의(연구기간 : 2015년 2월 ~ 2016년 8월) 등을 통해 이론적 연구와 교육현장의 의견을 종합적으로 검토하여 개선안을 2016년 12월 1일 확정 발표하였고, 2018학년도의 경과기간을 거쳐 2019학년도 법학적성시험에서는 전면적으로 시행하였다.

추리논증   〈추리논증〉 영역은 사실이나 견해 또는 정책이나 실천적 의사결정 등을 다루는 일상적 소재와 논리학·수학, 인문, 사회, 과학 기술, 법·규범 등 다양한 분야의 학문적 소재를 활용하여 법학전문대학원 교육에 필요한 추리(reasoning) 능력과 논증(argumentation) 능력을 측정하는 시험이다.

〈추리논증〉 영역은 크게 두 부분으로 이루어지는데, 일상 언어를 통한 추리 및 간단한 수리적인 자료의 해석에 기초한 추리 그리고 논리 퍼즐 등 추리 능력을 측정하는 부분과 논증을 제시하고 그것을 분석 및 재구성하거나, 그에 대하여 반론을 펴거나 비판하거나, 또는 논증의 오류를 지적하는 등 그것을 평가하는 이른바 논증 다루기 능력을 측정하는 부분이 그것이다.

〈추리논증〉은 '추리'와 '논증(비판)'을 하나의 과목으로 묶은 시험이다. 이것은 '추리'와 '논증(비판)'이 많은 경우에 서로 구별이 불가능하거나 그 구별이 자의적이기 쉽다는 점을 고려한 방안이기도 하고, 한편으로는 추리나 논증을 요구하는 문제들이 고도의 집중력을 요구하는 문제들이기 쉽기 때문에 두 영역을 통합함으로써 문항 수에 있어서 〈언어이해〉 과목과 균형을 맞추자는 취지에서 나온 것이기도 하다.

〈 추리논증 영역 문항분류표 및 출제 비중 〉

내용 영역 \ 문항유형	추리 40~60%		논증 40~60%		
	언어 추리 20~30%	모형 추리 20~30%	논증 분석 10~20%	논쟁 및 반론 15~25%	평가 및 문제 해결 15~25%
논리학·수학 5~15%					
인문 20~35%					
사회 15~25%					
과학기술 15~25%					
법·규범 25~35%					

1) '추리' 영역의 성격과 문항 분류표

[추리] 문항은 기본적으로 법적 문제를 해결하기 위해 필요한 추리 능력을 측정하기 위한 것이다. 법은 규범적 규칙과 원리의 체계로, 법에 관한 연구는 규칙과 원리의 적용 및 함축에 관한 연구로 볼 수 있다. 법을 전공하지 않은 학생들을 포함한 다양한 전공의 학생들을 대상으로 이러한 법적 문제 해결 능력이 있는지 측정하기 위해, [추리] 문항은 크게 언어 추리 문항과 모형 추리 문항을 포함한다.

〈 추리 문항 유형 및 문항분류표 〉

내용 영역 \ 문항유형	일상 언어 추리			모형 추리		
	함축 및 귀결	원리 적용	사실관계 추리	형식적 추리	논리 게임	수리 추리
논리학 · 수학						
인문						
사회						
과학기술						
윤리 · 규범						

추리 (40~60%)	언어 추리	함축 및 귀결	제시문의 정보로부터 함축되는 정보를 추리하는 능력을 측정함.
		원리 적용	규범 및 규칙이나 일반 원리를 해당되는 사례에 적용하여 올바로 추리하는 능력을 측정함.
		사실관계 추리	부분적인 정보나 증거가 주어질 경우 이로부터 특정한 사실관계를 추리하거나 특정한 주장의 진위 여부를 판단하는 능력을 측정함.
	모형 추리	형식적 추리	주어진 전제들로부터 형식논리의 추론규칙을 이용해서 연역적으로 타당한 결론을 이끌어 내거나, 어떤 주어진 논증이 타당하기 위해 보충해야 할 전제를 찾는 능력을 측정함.
		논리게임	제약 조건 하에서 올바르게 항목을 배열하거나 연결하기 등을 할 수 있는 능력과 제시된 정보로부터 새로운 정보를 추리할 수 있는 능력을 측정함.
		수리추리	수 도형, 표, 그래프로 표현된 비언어적 정보로부터 추리나 간단한 수리 연산을 통해 새로운 정보를 추리하는 능력을 측정함.

2) '논증' 영역의 성격과 문항 분류표

[추리논증] 영역에서 [논증] 영역으로 분류되는 문항은 논증비판의 능력을 시험하는 문항이다. 알려진 지식이나 정보로부터 새로운 지식이나 정보를 이끌어 내는 정신적 과정을 우리는 보통 "추리"라고 일컬으며, 그러한 정신적 추리 과정이 언어로써 표현되면 "논증"이라고 일컫는다. 논증은 실로 거의 모든 학문과 과학 활동, 윤리적 판단, 법률적 판단, 정책 판단의 핵심적 지적 활동의 대상이자 결과물이라고 말할 수 있다. 논증비판은 이러한 지적 과정에 대한 비판이다.

〈 논증 문항 유형 및 문항분류표 〉

내용 영역 \ 문항 유형	논증 분석			논쟁 및 반론			평가 및 문제해결			
	명시적 요소 분석	암묵적 요소 분석	구조 분석	논쟁 분석 및 평가	반론 구성	오류	연역 논증 평가	귀납 논증 평가	강화 또는 약화	문제 해결
인문										
사회										
과학기술										
법·규범										

* 논증 분석 : 논증의 요소와 구조를 분석하는 능력 측정

* 논쟁 및 반론 : 논쟁을 분석하고 평가하는 능력과 더불어 상대방의 오류를 지적하는 것을 포함한 반론을 구성하는 능력 측정

* 평가 및 문제해결 : 논증을 평가하는 능력, 증거가 가설을 입증하는 강도를 평가하는 능력, 합리적인 선택과 문제해결 능력을 측정

논술 〈논술 영역〉은 예비 법조인으로서 갖춰야 할 분석적·종합적 사고력과 논리적 글쓰기 능력을 측정하는 시험이다.

〈 평가목표 이원분류표 〉

내용 영역 \ 문항 유형	분석		구성			
	논제 분석	제시문 분석	논증	비판	전개	표현
인문						
사회						
과학기술						
규범						
복합						

| **분석** | 텍스트를 분석하고 이해하는 능력

- 논제 분석 : 논제의 의도와 그것이 요구하는 과제의 성격을 정확히 파악할 수 있는 능력
- 제시문 분석 : 제시문을 이해하고 그 내용과 형식에 대하여 논리적으로 사고할 수 있는 능력

| **구성** | 사고를 구성하여 글로 완성하는 능력

- 논증 : 논리적으로 사고를 구성하는 능력
- 비판 : 타당한 근거를 바탕으로 한 평가 및 판단 능력
- 전개 : 심층적 및 독창적 사고를 구성하는 능력
- 표현 : 적절한 언어를 사용하여 글로 표현하는 능력

4 출제의 기본 방향[8]

- 법학적성시험은 법학전문대학원 수학에 필요한 기본적인 능력을 측정하기 위한 것으로, 대학 교육과정을 정상적으로 마쳤거나 마칠 예정인 수험생이면 문제를 해결할 수 있도록 한다.
- 가능한 한 다양한 학문 영역에 관련된 소재를 활용하여 통합적으로 출제하도록 한다.
- 기억력에 의존하는 평가를 지양하고 분석력, 추리력, 종합적 비판력, 창의적 적용 능력 같은 고차원적 사고를 통해 문제를 해결하는 능력을 측정하도록 한다.
- 특정한 전공 영역에 유리한 문항을 배제하여 공정한 평가가 이루어지도록 한다.
- 시중 모의고사에서 흔히 볼 수 있는 제재는 가능한 한 출제에서 배제했으며, 유사한 것처럼 보이는 제재가 사용된 경우에는 제시문 수준 및 문항 설계에 있어 현격한 차이가 있도록 하였다.[9]

---

8) 출제의 기본방향은 2012학년도 법학적성시험 시행결과 보도자료에서부터 지금까지 일관되게 유지되고 있는 내용이다. 법학전문대학원협의회 「2023학년도 법학적성시험 시행결과」, 2022. 8. 1 보도자료, p.3 에서 인용

9) 이 내용은 2019학년도 법학적성시험 시행결과 보도자료에서부터 제시된 내용이다.

II. 법학적성시험 추리논증 영역

> 추리논증 영역은 사실이나 견해 또는 정책이나 실천적 의사 결정 등을 다루는 일상적 소재와 논리학·수학, 인문학, 사회과학, 과학기술 등 다양한 분야의 학문적인 소재를 활용하여 법학전문대학원 교육에 필요한 추리(reasoning) 능력과 논증(argumentation) 능력을 측정하는 시험이다.

1 시험의 성격

추리논증 영역은 특정 전공 영역에 대한 세부 지식이 없더라도 대학 교육과정을 정상적으로 마쳤거나 마칠 예정인 수험생이면 주어진 자료에 제공된 정보와 종합적 사고력을 활용하여 문제를 해결할 수 있도록 문항을 구성한다.[10]

2 문항 구성 소재

추리논증 영역은 출제 범위를 특정 학문 분야로 제한하지 않고 일상적 소재 및 논리학·수학, 인문학, 사회과학, 과학·기술, 법·규범 분야의 다양한 학문적 소재를 활용하여 폭넓은 독서 체험과 문제해결 경험을 바탕으로 한 문제해결력과 사고력을 측정한다.
논리학·수학은 추리 문항의 해결에 필요한 원리를 제공해 준다는 중요성과 추리 문항에서 다루는 소재 중 인문, 사회, 과학기술, 규범에 속하지 않는 일상적 소재를 분류상 포함하기 위한 실용적 목적 때문에 모형추리 영역에서만 '인문'영역과는 별도의 영역으로 분류한다고 출제기관은 밝히고 있다.[11]

---

10) 「사법시험이 지식위주의 암기력을 측정하는 시험이라고 한다면 LEET는 자료가 제시문을 통해 주어지고 종합적인 사고력을 이용하여 문제를 해결하는 일종의 오픈북 시험이라 할 수 있다.

11) 법학전문대학원협의회, 「로스쿨 인사이드」, 2018. 5, p.8.

3-1 추리 논증 능력 평가 영역 및 항목

〈추리논증〉은 '추리(reasoning)'와 '논증(argumentation)'의 두 하위 영역으로 이루어지고, 각 하위 영역은 별개의 내용 영역과 인지활동 영역으로 구성된다.[12]

〈 추리논증 영역 문항분류표 〉

내용 영역 \ 문항 유형	추리		논증		
	언어 추리	모형 추리	논증 분석	논쟁 및 반론	평가 및 문제 해결
논리학·수학					
인문					
사회					
과학기술					
법·규범					

〈1〉 〈추리〉 영역

〈 추리 문항 유형 및 문항분류표 〉

내용 영역 \ 문항 유형	언어 추리			모형 추리		
	함축 및 귀결	원리 적용	사실관계 추리	형식적 추리	논리 게임	수리 추리
논리학·수학						
인문						
사회						
과학기술						
윤리·규범						

언어 추리가 언어로 제시된 정보나 원리로부터 언어적 추리를 통해 새로운 정보를 이끌어 낼 수 있는 능력을 측정하는 반면에 모형 추리는 제시된 정보나 제약 조건으로부터 기호, 그림, 표, 그래프와 같은 비언어적 모형을 사용하여 새로운 정보를 이끌어 낼 수 있는지를 묻는 문항이다.

---

12) 내용영역은 시험문제를 구성하는 소재라고 할 수 있고, 인지활동영역은 능력평가항목 내지 문항유형이라 할 수 있다.

❶ 함축 및 귀결[13]

함축 및 귀결 문항은 제시문의 진술이 함축하는 진술과 함축하지 않는 진술을 확인할 수 있는 능력을 평가한다. 여기서 '함축'은 엄격한 의미로 사용되는데, 진술 A가 참이라면 진술 B가 반드시 참일 때 진술 A가 진술 B를 함축한다고 말한다.

> **예제 1** 2010학년도 27번 문항 | 지구상의 기온이 시간과 위치에 따라 변하는 원인
> 다음 글로부터 추론한 것으로 옳은 것만을 〈보기〉에서 있는 대로 고른 것은?

이 예제에서 어떤 진술이 제시문으로부터 함축되는지 그렇지 않은지의 여부가 형식 논리에 따라 결정되는 것이 아니라, 제시문이 기술하는 내용에 따라 결정된다는 것에 주목할 필요가 있다. 일반적으로 우리는 어떤 진술이 어떤 진술을 함축하는지 그렇지 않은지 판단하기 위해서 진술의 형태가 아니라 내용을 완전히 파악해야 한다.

> **예제 2** 2014학년도 13번 문항 | 긍정상관, 부정상관, 대칭성, 인과관계
> 다음 글로부터 추론한 것으로 옳은 것만을 〈보기〉에서 있는 대로 고른 것은?

- 추론되는 진술은 주어진 정보로부터 나온다. 제시문에서 주어진 정보 이외에는 어떤 다른 전문 지식도 요구되지 않는다. 제시문의 정보와 상식적인 배경정보에 의해서만 함축되는 진술이 추론되는 진술이고, 제시문의 내용 이외의 어떤 다른 전문 지식의 도움을 받아 함축되는 진술이 있다면 그 진술은 제시문으로부터 추론되는 진술이 아니다.

- 추론되는 진술은 하나의 진술로부터 추론될 수도 있고, 여러 개의 진술의 결합으로부터 추론될 수도 있다.

★★ 함축 및 귀결 문항을 풀기 위해서는 논리학의 추론규칙을 배우는 것도 도움이 될 수 있지만, 그보다는 주어진 글의 내용을 철저히 이해하는 습관을 가지는 것이 매우 중요하다. 함축 및 귀결 문항은 형식 논리적으로 도출되는 진술을 파악하는 능력을 측정하는 것이 아니라, 주어진 글이 의미상 말하는 내용과 말하지 않는 내용을 잘 파악하여 이로부터 함축되는 진술과 그렇지 않은 진술을 판별하는 능력을 측정하기 때문이다.

제시문에서 주장되는 것과 주장되지 않는 것을 예리하게 구별할 수 있어야 한다. 글을 읽는 과정에서 자신이 가지고 있는 전문지식을 은연중에 도입해서 주어진 글이 주장하지 않는 새로운 내용을 추론해서는 안 된다. 평소에 글을 읽을 때 글의 내용을 정확히 이해하려고 노력하는 자세가 필요하다.

---

[13] 법학전문대학원협의회, 「법학적성시험안내서」, 2016. 7. pp.106~114.

❷ 원리 적용[14]

원리 적용 문항은 다음과 같은 능력을 측정한다.

- 어떤 특정한 사실관계나 개별 사례에 여러 규범적인 규칙이나 일반 원리 중 어떤 것이 적용될 수 있는지 판단하는 능력
- 여러 사례 중 규범적 규칙이나 일반 원리가 적용될 수 있는 사례를 확인하고, 규범적 규칙이나 일반 원리를 해당되는 사례에 적용하여 올바로 추리하는 능력
- 주어진 사례의 규범적 판단이 제시되었을 때 그 판단의 배후에 어떤 규범적 원칙이 적용되었는지 추리할 수 있는 능력[15]

| 예제 1 | 2014학년도 3번 문항 | 권리의 입증 책임을 소재로 한 법적추론 문제

〈원칙〉을 적용한 것으로 옳은 것을 〈보기〉에서 고른 것은?

| 예제 2 | 2012학년도 5번 문항 | 국가기관의 하자있는 행정행위 취소 원칙을 소재로 한 법적추론 문제

A국의 법에 대한 다음 글로부터 바르게 추론한 것만을 〈보기〉에서 있는 대로 고른 것은?

★ 원리 적용 문항은 함축 및 귀결 문항처럼 '다음 글로부터 바르게 추론한 것은?'과 같은 질문을 가지는 경우가 대부분이다. 원리 적용 문항은 법규나 원리를 사례에 적용하여 그 귀결을 추리할 수 있는지 묻는 문제로, 함축 및 귀결 문항의 한 유형으로 볼 수 있기 때문이다. 원리 적용은 법적 추리의 핵심적인 부분이기 때문에 편의상 구분하여 하나의 유형으로 제시한 것일 뿐이다.

| 예제 3 | 2013학년도 18번 문항 | 이중효과의 원칙으로 알려진 도덕적 판단의 원칙을 소재로 한 문항

〈판단〉과 〈원칙〉에 대한 진술로 옳은 것만을 〈보기〉에서 있는 대로 고른 것은?

이 문항은 원칙을 사례에 적용하는 문제가 아니라 주어진 사례의 도덕적 판단으로부터 그 판단의 배후에 어떤 도덕적 원칙이 적용되었는지 추리하는 문제이다. 구체적 사례에 대한 판단으로부터 그 판단의 배후에 있는 원리를 추리하는 것도 넓은 의미로 사례의 원리 적용에 관한 문제로 볼 수 있기 때문에 원리 적용 문항에 포함하였다.

---

14) 법학전문대학원협의회, 「법학적성시험안내서」, 2016. 7. pp.115~125.
15) 이 유형은 '판단의 원리 및 전제' 추론 문제 내지 '일종의 대전제(암묵적 전제)' 추론 문제라 할 수 있다.

❸ 사실 관계 추리[16]

사실관계 추리 문항은 어떤 정보나 증거가 주어질 경우 이로부터 특정한 사실관계를 추리하거나 특정한 주장의 진위 여부를 판단할 수 있는 능력을 평가한다. 그리고 주어진 사실관계에 비추어 진술이나 주장 사이의 일관적 관계, 모순 관계, 지지관계 등을 판단할 수 있는 능력도 평가한다.

★사실관계 추리는 사람들의 사고 내지 행동에 대한 경험적인 일반법칙을 구체적인 사례에 적용하여 결론을 도출하는 형식으로 구성되는 경우가 많다. 그런데 전제가 되는 경험적인 일반법칙이란 사회에 널리 받아들여지는 것이므로 보통 이 일반법칙은 생략되고, 사실관계에 관한 진술로부터 결론을 추론하는 것이 일반적이다.

★사실관계 추리는 이렇게 경험적인 일반법칙에 근거한 추론이므로 사안에 따라 개별적인 예외가 존재할 가능성을 언제나 염두에 두어야 한다. 사실 관계 추리는 그 자체로서 완결적인 타당한 추리가 아니라, 추리하는 사람으로 하여금 제한된 정보와 증거에 기초하여 가장 개연성이 높은 사건의 경과를 합리적으로 재구성할 수 있게 해 주는 추리인 것이다.

> 예제 1 | 2012학년도 3번 문항 | 정약용의 『흠흠신서』에 소개되어 있는 한 살인 사건
>
> 〈사실관계〉에 대한 〈추리 내용〉을 평가한 것으로 적절하지 않은 것은?

> 예제 2 | 2011학년도 4번 문항 | 교통사고를 둘러싼 검사와 피고의 주장
>
> 다음 글에 비추어 판단한 것으로 옳지 않은 것은?

사실관계 추리는 주어진 증거나 정보에 경험적인 일반법칙을 적용하여 결론을 이끌어 내는 것으로 볼 수 있다. 여기서 문제되는 경험적인 일반법칙은 거의 모든 사회구성원이 수용하는 상식 혹은 통념으로, 이러한 상식이나 통념은 적극적으로 반대되는 증거가 제시되지 않는 한 참인 것으로 가정된다.

---

[16] 법학전문대학원협의회, 「법학적성시험안내서」, 2016. 7. pp.126~133.

❹ 형식적 추리[17]

형식적 추리는 직접적으로 모형에 관한 추리는 아니라고 할 수 있지만, 문장의 내용이 아니라 문장의 형식에 의존하는 추리라는 점에서 언어 추리보다는 모형 추리에 포함하는 것이 더 적절하다고 말할 수 있다.

형식적 추리는 주어진 전제로부터 타당한 추론 규칙을 적용하여 연역적으로 결론을 이끌어 내는 추리로 논리적 추리라고도 한다. 형식적 추리 문항은 주어진 전제로부터 형식논리의 추론 규칙을 이용해서 연역적으로 타당한 결론을 이끌어 낼 수 있는 능력을 측정하는 문항이다.

| 예제 1 | 2011학년도 22번 문항 | 사고자동차 1번 도로

다음 추론이 타당하기 위해서 추가로 필요한 진술은?

| 예제 2 | 2009학년도 4번 문항 | 한국 생활을 경험해 본 영국인

다음 추론에서 결론을 타당하게 도출하기 위해 보충해야 할 전제는?

★형식적 추리 문항을 잘 풀기 위해서는 기초적인 논리 규칙을 습득하여 주어진 진술로부터 다른 진술을 타당하게 추론할 수 있는 능력을 기르는 것이 필요하다.

★형식적 추리 능력은 단순히 형식적 추리 문항을 해결하기 위해 필요한 능력일 뿐만 아니라, 논리게임, 수리추리, 함축 및 귀결 문항을 해결하는 데도 매우 유용한 능력이므로 반복적인 연습을 통해 습득하는 것이 필요하다.

문제를 풀 때 주어진 진술이나 추론을 기호를 사용하여 간단히 표현하는 것도 연습을 통해 충분히 습득하는 것이 좋다.

---

[17] 법학전문대학원협의회, 「법학적성시험안내서」, 2016. 7. pp.134~147.

❺ 논리게임[18]

논리게임 문항은 제약조건하에서 항목 배열하기, 항목 연결하기, 묶기 등의 '배치 및 정렬' 문항과, 부분적인 정보나 증거가 주어졌을 때 가능한 상황을 구성하거나 그 함축을 추리하게 하는 '논리 퍼즐' 문항으로 나누어지는데, 이러한 문항은 법적 맥락에서 주어진 부분적 정보나 증거를 분석하여 증거와 양립 가능한 상황을 추리하는 능력, 주어진 정보와 증거로부터 어떤 상황이 반드시 성립하는지 추리하는 능력 등을 효과적으로 측정할 수 있다.

| 예제 1 | 2015학년도 19번 문항 | 동물애호가 A, B, C, D가 키우는 동물 추론 |

다음으로부터 추론한 것으로 옳은 것은?

★ 논리게임 문항은 규칙과 제약조건을 결합하여 더 많은 정보를 최대한 추리하는 것이 문제 해결의 지름길인 경우가 많다. 규칙과 제약조건으로부터 추론될 수 있는 사실을 최대한 도출하는 것이 오답 가능성을 줄이면서 더 빠르게 문제를 해결하는 방법이다.

| 예제 2 | 2009학년도 예비시험 3번 문항 | 갑을병정 네 나라의 수도(관주, 금주, 평주, 한주) 추론하기 |

갑, 을, 병, 정의 네 나라에 대한 다음의 조건으로부터 추론할 수 있는 것은?

★ 배치 및 정렬 문항은 반복 학습으로 성적이 쉽게 오를 수 있는 문제 유형이므로, 충분한 연습을 통해 문제 풀이 요령을 익히는 것이 중요하다. 이론적 학습보다는 혼자 힘으로 많은 문제를 풀어 보며 풀이 요령을 습득하는 시행착오(trial and error) 방법이 적절하다.

| 예제 3 | 2014학년도 33번 문항 | 진우의 두 진술은 모두 참이거나 모두 거짓인 참 거짓 퍼즐문제 |

다음으로부터 추론한 것으로 옳은 것만을 〈보기〉에서 있는 대로 고른 것은?

| 예제 4 | 2014학년도 35번 문항 | 리그전, 승점, 득점, 실점으로 구성 |

다음으로부터 추론한 것으로 옳은 것만을 〈보기〉에서 있는 대로 고른 것은?

| 예제 5 | 2015학년도 20번 문항 | 네 부서에 선발된 신입사원 추론 문제, 5명의 진술 중 한 명만 거짓 |

다음으로부터 추론한 것으로 옳은 것은?

- 경우의 수를 크게 줄일 수 있는 정보를 먼저 찾아 분석하라.
- 필요하다면 '귀류법'과 '경우를 나누어서 추리하기'를 이용하라.
- ★ 주어진 정보로부터 더 이상의 의미 있는 정보를 추론하는 데 어려움이 있다면 주어진 선택지를 보고 판단하라.

---

18) 법학전문대학원협의회, 「법학적성시험안내서」, 2016. 7. pp.148~168.

❻ 수리추리

수리추리 문항은 수, 도형, 표, 그래프로 표현된 비언어적 정보로부터 추리나 간단한 수리 연산을 통해 새로운 정보를 추리할 수 있는지를 묻는다. 이 문제 유형은 분석 및 추리 능력을 측정하는 것이 주요 목적이기 때문에 문제 해결에 어려운 수학적 지식이 요구되지 않는다. 단지 수, 도형, 표, 그래프에 의해 주어진 정보를 분석하여 추리할 수 있는 능력과 간단한 산수 연산 능력만 필요하다.

수리추리 문항은 간단한 수 계산이 필요한 '수리 연산' 문항과 도형, 표, 그래프, 통계 등에 의해 주어진 정보로부터 새로운 정보를 도출할 수 있는 능력을 평가하기 위한 '도형, 표, 그래프' 문항으로 나누어 볼 수 있다.

예제 1   2011학년도 34번 문항 | 수리연산 문제

세 상품 A, B, C에 대한 선호도 조사를 실시했다. 조사에 응한 사람은 가장 좋아하는 상품부터 1~3순위를 부여했다. 두 상품에 같은 순위를 표시할 수는 없다. 조사의 결과가 다음과 같을 때 C에 3순위를 부여한 사람의 수는?

수리 연산 문항은 언어적 정보와 수 정보로부터 논리적 추리와 수 연산을 통해 새로운 정보를 추리할 수 있는 능력을 측정하는 문항이다.

위 예제는 수 정보와 언어적 정보를 결합하여 분석하고, 이로부터 함축되는 정보를 추리할 수 있는 능력을 평가하는 전형적인 수리 연산 문항이다. 이 문항을 해결하는 데 효율적인 방식은 주어진 정보로부터 간단한 방정식을 세우는 것이지만, 요구되는 방정식은 매우 간단한 것으로 이것을 고안하고 풀 수 있는 능력은 일상생활에서도 필요한 기초적인 능력이라고 할 수 있다.

예제 2   2015학년도 26번 문항 | 1인당 실질소득과 사망률 및 출생률 그래프

다음으로부터 추론한 것으로 옳은 것만을 〈보기〉에서 있는 대로 고른 것은?

도형, 표, 그래프 문항은 도형, 표, 그래프 등에 의해 표현된 정보와 언어적 정보를 결합 및 분석하여 추리할 수 있는 능력을 측정하는 문항이다. 이 유형의 문제를 해결하기 위해서는 도형, 표, 그래프에 의해 표현되는 정보를 올바르게 파악하는 것이 중요하다.

일반적으로 이 문제 유형은 제시되어 있는 도형, 표, 그래프만 잘 이해하면 어려운 수 연산이나 복잡한 추리 없이 비교적 쉽게 정답을 찾을 수 있다.

지금까지 살펴본 '추리' 문항 유형(인지활동 유형)을 정리하면 다음과 같다.

추리 (40 ~60%)	언어 추리	함축 및 귀결	제시문의 정보로부터 함축되는 정보를 추리하는 능력을 측정함.
		원리 적용	규범 및 규칙이나 일반 원리를 해당되는 사례에 적용하여 올바로 추리하는 능력을 측정함.
		사실관계 추리	부분적인 정보나 증거가 주어질 경우 이로부터 특정한 사실관계를 추리하거나 특정한 주장의 진위 여부를 판단하는 능력을 측정함.
	모형 추리	형식적 추리	주어진 전제들로부터 형식논리의 추론규칙을 이용해서 연역적으로 타당한 결론을 이끌어 내거나, 어떤 주어진 논증이 타당하기 위해 보충해야 할 전제를 찾는 능력을 측정함.
		논리 게임	제약 조건 하에서 올바르게 항목을 배열하거나 연결하기 등을 할 수 있는 능력과 제시된 정보로부터 새로운 정보를 추리할 수 있는 능력을 측정함.
		수리 추리	수, 도형, 표, 그래프로 표현된 비언어적 정보로부터 추리나 간단한 수리 연산을 통해 새로운 정보를 추리하는 능력을 측정함.

〈2〉 〈논증〉 영역

〈 논증 문항 유형 및 문항분류표 〉

문항 유형 내용 영역	논증 분석			논쟁 및 반론			평가 및 문제해결			
	명시적 요소 분석	암묵적 요소 분석	구조 분석	논쟁 분석 및 평가	반론 구성	오류	연역 논증 평가	귀납 논증 평가	강화 또는 약화	문제 해결
인문										
사회										
과학기술										
법·규범										

논증 분석 파트에서는 논증의 요소와 구조를 분석하는 능력 측정하고, 논쟁 및 반론 파트에서는 논쟁을 분석하고 평가하는 능력과 더불어 상대방의 오류를 지적하는 것을 포함한 반론을 구성하는 능력을 측정하고, 평가 및 문제해결 파트에서는 논증을 평가하는 능력, 증거가 가설을 입증하는 강도를 평가하는 능력, 합리적인 선택과 문제해결 능력을 측정한다.

논증 분석 문항은 하나의 논증을 분석하는 능력을 검사하는 문항인 반면에, 논쟁 및 반론 문항은 두 사람 이상이 논쟁을 벌이고 있는 상황에서 그들이 제시하고 있는 논증을 분석하고 비판하는 능력을 검사하는 문항이다. 논증 분석과 논쟁 및 반론이 주로 비판 활동의 예비 단계 또는 기초 단계에 해당하는 반면에, 논증 평가 및 문제 해결은 비판 활동의 완결과 새로운 대안의 제시 또는 더 깊이 있는 문제의 발견 단계에 해당한다.

❶ 명시적 요소 분석[19]

명시적으로 드러나 있는 주장이 전체 논증에서 다른 문장과 어떤 논리적 관계를 맺으면서 어떤 논리적 역할을 하고 있는지를 분석하는 능력을 검사하는 문항은 명시적 요소 분석 문항 유형에 속한다.

예제 1 2012학년도 18번 문항

> 다음 논증에 대한 분석으로 옳지 않은 것은?

정의가 없는 왕국은 거대한 강도떼와 다름없음을 논증하고 있는 제시문을 주고, 논증에 명시적으로 드러나 있는 주요 전제들의 내용과 논증 전개 방식을 분석할 것을 요구하고 있다.

예제 2 2011학년도 2번 문항

> A조항은 자동차 운전자에게 좌석안전띠를 매도록 하고 위반 시 범칙금을 부과하도록 규정하고 있다. 다음은 A조항의 위헌 여부에 관한 갑의 판단 내용이다. 관련 헌법조항은 〈규정〉과 같다. 갑의 판단에 관한 진술로 옳지 않은 것은?

법률적 판단이나 주장은 일반적으로 논증의 형식으로 제시된다. 위 예제2는 법률적 논증이 제시문인 문항이다.

❷ 암묵적 요소 분석[20]

논증의 흐름 또는 구조를 파악하는 과정에서 주장 간의 논리적 관계를 고려하였을 때 글쓴이가 명시적으로 밝히지는 않았지만 분명히 암묵적으로 전제하고 있음이 틀림없는 전제를 찾아내는 능력을 검사하는 문항은 암묵적 요소 분석 문항 유형에 속한다.

예제 1 2010학년도 26번 문항

> 다음 개체군 크기 추정 방법이 유의성을 갖기 위해 필요한 조건만을 〈보기〉에서 있는 대로 고른 것은?

---

[19] 법학전문대학원협의회, 「법학적성시험안내서」, 2016. 7. pp.175~186.
[20] 법학전문대학원협의회, 「법학적성시험안내서」, 2016. 7. pp.187~192.

암묵적 요소 분석을 요구하는 문항의 전형적인 질문은 "다음 글이 암묵적으로 전제하고 있지 않은 것은?"이라는 질문일 것이다. 그 외에도 "다음 글의 결론을 도출하는 데 필요한 전제가 아닌 것은?"이라는 질문도 사용될 수 있으며, 위 예제1처럼 경우에 따라서는 "…… 필요한 조건은?"이라는 질문도 사용될 수 있다.

일반적으로 제시문에는 하나의 논증이 제시되거나 하나의 결론을 도출하는 추리과정이 제시된다. 그러나 "다음 두 글이 공통적으로 전제하고 있는 것은?"과 같은 질문을 통해 두 논증의 공통적인 암묵적 전제를 찾을 것을 요구하는 경우에는 제시문에 두 개의 논증이 제시될 것이다.

> **예제 2** 2009학년도 27번 문항 | 부여 위치 추론
> 다음 자료와 그에 근거한 추론에서, ⓐ~ⓔ 각각을 도출하는 데 필요한 전제가 아닌 것은?

제시문의 추론을 위해 필요한 전제를 묻고 있어서 암묵적 요소를 분석하는 문제에 해당된다. 이에 답하기 위해서는 추론 자체의 타당성보다는 〈자료〉와 〈추론〉 사이의 논증적 관계를 분석하여 암묵적 전제를 도출할 필요가 있다.

❸ 구조 분석[21]

명시적 요소 분석과 암묵적 요소 분석을 바탕으로 논증 전체의 구조를 명료하게 이해하는 능력을 검사하는 문항은 구조 분석 문항 유형에 속한다. 대부분의 경우에 구조 분석 문항의 제시문은 각 문장마다 번호가 붙여진 형태로 제시된다.

"다음 논증에 대한 분석으로 옳지 않은 것은?"이라는 질문이 가장 일반적인 질문 형식이다. 다이어그램을 이용한 구조 분석을 요구하는 문항의 경우에는 "다음 논증의 구조를 가장 잘 표현한 것은?"이라는 질문이 사용되기도 한다.

> **예제 1** 2010학년도 18번 문항 | 행복한 사람에게는 친구가 필요하지 않다는 주장
> 다음 논증에 대한 분석으로 옳지 않은 것은?

제시문의 논증은 그 전개 과정 자체가 이미 요소로 분석되어 있다. 그러므로 이 문항은 논증을 요소로 분석하는 과정 자체가 아니라 그렇게 분석된 요소들 사이의 논리적 관계를 묻고 있다. 이에 답하기 위해서는 분석된 요소가 논증 내에서 서로 어떤 관계, 즉 서로 모순되거나 지지하거나 반론을 제기하는 등에 대한 분석이 요구된다.

---

21) 법학전문대학원협의회, 「법학적성시험안내서」, pp.193~197.

| 예제 2 | 2009학년도 18번 문항 | 인구 기하 급수적 증가, 식량 산술 급수적 증가

> 다음 논증의 구조를 가장 잘 표현한 것은? (단, 기호 '↓'는 글쓴이가 위 진술을 바로 아래 진술을 주장하는 근거로 사용하고 있다는 것을 의미하며, 기호 '+'는 앞뒤의 진술들이 합쳐짐으로써 그 진술들이 지지하는 진술에 대한 근거를 구성한다는 것을 의미한다.)

❹ 논쟁 분석 및 평가[22]

우선 논쟁에서 주어져 있는 논증을 이해하고 논쟁점을 파악하고 논쟁에 참여하고 있는 자들이 얼마나 효과적으로 자신의 주장을 옹호하고 상대방의 논증을 비판하고 있는지를 평가하는 능력을 검사하는 문항은 논쟁 분석 및 평가 문항 유형에 속한다.

| 예제 1 | 2015학년도 30번 문항

> A와 B의 논쟁에 대한 판단으로 옳지 않은 것은?

위 예제1은 도킨스의 이기적 유전자 이론에 대한 반론을 대화 형식으로 제시하고 논쟁의 각 단계의 쟁점이나 그에 대한 대응이 무엇인지 파악하는 능력을 측정하는 문항이다.

| 예제 2 | 2009학년도 32번 문항

> '갑'과 '을'의 대화 중 자신의 기본 입장과 일관되지 않은 진술은?

❺ 반론 구성[23]

반론 구성 문항이란 주어진 논쟁의 상황에 참여하여 한쪽 입장에서 상대방의 주장을 반박하는 능력을 측정하는 문항 유형이다.

아래 예제1과 같이 주어져 있는 갑과 을 간의 논쟁에 스스로 참여하여 갑의 논증에 대하여 을의 입장에서, 또는 을의 논증에 대하여 갑의 입장에서 반론을 직접 구성할 수 있는 능력을 검사하는 문항은 반론 구성 문항 유형에 속한다.

| 예제 1 | 2009학년도 14번 문항

> 다음 [A]에 들어갈 '을'의 진술로 가장 적절한 것은?

갑의 주장을 반박하는 '을'의 진술을 찾는 문항이다.

---

22) 법학전문대학원협의회, 「법학적성시험안내서」, 2016. 7. pp.197~203.
23) 법학전문대학원협의회, 「법학적성시험안내서」, 2016. 7. pp.204~209.

예제 2 2015학년도 29번 문항

다음 논증에 대한 반론이 될 수 있는 것만을 〈보기〉에서 있는 대로 고른 것은?

뇌는 결정되어 있지만 사회를 구성하는 사람은 개인적 책임을 지니며 따라서 사람은 자유롭다는 논증에 대해 반론이 될 수 있는 것을 찾을 수 있는 능력을 측정하는 문항이다.

❻ 오류[24]

논쟁에서 제시되고 있는 논증에서 범해지고 있는 오류 및 결함을 찾아내는 능력을 검사하는 문항은 오류 문항 유형에 속한다.

오류 찾기, 즉 옳지 않은 논증을 분석하여 어떠한 잘못이 있는지 분석하기를 요구하는 문항은 논증 평가 문항 유형에 포함될 수도 있지만, 논쟁의 과정에서 상대방의 논증을 비판하는 하나의 활동으로 이해하여 논쟁 및 반론의 한 유형으로 정하였다.

'오류' 문항 유형에 속하는 문항으로서 출제되는 대부분의 문항은 비형식적 오류 찾기에 초점이 맞추어진다. 어떤 학자는 100개 이상의 비형식적 오류 종류를 거론하기도 한다. 하지만 법학적성시험에서 출제되는 '오류' 문항은 비형식 논리학 관련 서적에 등장하는 비형식적 오류의 종류와 그 이름을 숙지할 것을 요구하지는 않는다.

예제 1 2013학년도 11번 문항

다음 논증의 결함을 가장 적절하게 지적한 것은?

제시문은 살인죄로 기소된 피고인의 연쇄살인범이라는 주장을 사이코패스의 여러 특징을 동원하여 논증하고 있다. 이 논증은 상당히 설득력 있게 들리지만 실은 흔하고 중대한 오류를 범하고 있는데 이 문항은 이런 오류 또는 결함을 찾아내도록 요구하고 있다.

예제 2 2016학년도 17번 문항 | 로크의 제한조건

다음 논증에 대한 비판으로 가장 적절한 것은?

위 예제는 "다음 논증에 대한 비판으로 가장 적절한 것은?"이라는 질문으로 시작하지만, 가장 강력한 비판인 오류 찾기를 요구하는 문항이다.

---

[24] 법학전문대학원협의회, 「법학적성시험안내서」, pp.209~216.

❼ 연역논증 평가[25]

연역논증의 타당성 또는 정당성을 평가하는 문항은 연역논증 평가 문항 유형에 속한다. 논증 평가 문항으로서 연역논증을 평가하는 문항은 자주 출제되지 않을 것이다. 왜냐하면 이해하기 쉬운 연역논증을 평가하는 것은 너무 쉽고, 이해하기 어려운 연역논증을 평가하는 것은 너무 어렵기 때문이다.

예제 1 2013학년도 10번 문항을 변형

> 다음 논증에 대한 분석 또는 평가로서 옳지 않은 것은?

비추론적 지식의 존재를 증명하는 연역 논증이 제시문으로 사용되고 있다. 이 연역 논증은 전체적으로 "모든 지식을 추론적 지식이라고 가정한다면, 이것은 매우 자명하게 받아들여지는 명제와 모순을 일으키므로, 지식에는 추론적 지식 이외에 비추론적 지식이 있다."는 내용과 귀류법의 형식을 갖고 있다. 이와 같은 논증의 구조를 명확히 파악해야 논증에 대한 분석 또는 평가로서 주어진 선택지의 진위를 판별할 수 있다.

❽ 귀납논증 평가[26]

전제가 참일 경우, 결론이 반드시 참인 것은 아니지만 참일 개연성이 높다고 주장되는 논증이 귀납논증이다. 실험이나 관찰을 보고하는 문장이 가설적 주장을 지지하는 논증인 귀납논증을 평가하는 문항은 귀납논증 평가 문항 유형에 속한다.

예제 1 2010학년도 23번 문항

> 다음 가상의 연구 (가)와 (나)에서 사용한 추론 방식을 〈보기〉에서 골라 짝지은 것으로 옳은 것은?

예제2는 범죄성의 유전 여부를 판단하기 위해 사용되는 통계조사를 제시하고 이러한 연구가 의존하고 있는 추론 방식을 찾을 것을 요구하는 문항이다.

예제 2 2015학년도 23번 문항

> ㉠에 대한 분석으로 옳은 것은?

예제3은 '논증 분석'과 '강화 또는 약화'의 요소를 함께 지닌 문항이다. 논증에 대한 분석과 평가를 함께 요구하는 복합적 문항은 논증 평가 유형에 포함되는 것으로 정한다.

---

[25] 법학전문대학원협의회, 「법학적성시험안내서」, 2016. 7. pp.217~219.
[26] 법학전문대학원협의회, 「법학적성시험안내서」, 2016. 7. pp.219~226.

이 문제는 지구의 역사에서 가장 오랜 기간을 차지하는 고생대 오르도비스기에 처음으로 등장한 육상 식물인 이끼가 다소 역설적으로 따뜻했던 지구를 차갑게 만들어 오르도비스기 말에 빙하기가 도래하도록 하는 과정에 중요한 역할을 했을 가능성에 대한 최근 고기후학계의 가설을 소재로 삼아, 주어진 과학적 가설에 대해 추가적인 정보가 주어졌을 때 그 정보가 가설과 정합적인지 가설의 설득력을 강화하는지 여부 등을 포함한 다양한 수준의 논증 분석 및 평가 능력을 측정한다.

❾ 강화 또는 약화[27]

문항 유형의 명칭으로 사용하는 '강화'라는 표현은 서로 밀접한 관계에 있는 두 가지 의미를 지닌다. 첫째 의미는 증거가 가설이나 주장을 확증한다(confirm)는 의미이다. 둘째 의미는 새로운 증거가 논증을 강화한다(strengthen)는 의미이다. 귀납추론 과정에서 경험적 증거가 가설을 잘 뒷받침(지지)하면, "경험적 증거가 가설을 확증한다(confirm)"라고 한다. 경험적 증거가 가설의 거짓을 뒷받침(지지)하면, "경험적 증거가 가설을 반확증한다(disconfirm)"라고 한다. 법학적성시험에서는 전자의 확증을 '강화'로, 후자의 반확증을 '약화'라고 표현한다. 또한 법학적성시험에서는 새로운 경험적 증거의 추가가 기존의 귀납논증의 강도를 더 세게 만드는지, 아니면 더 약하게 만드는지를 평가할 것을 요구할 때에도 '강화' 또는 '약화'라는 표현을 사용한다.

예제 1 2012학년도 25번 문항

〈사실 및 추정〉에 비추어 두 가설을 평가한 것으로 옳은 것은?

이 문항은 제시문에 설명된 두 가설에 대해 추가적 사실이 주어지면 각각의 가설의 설득력이 차별적으로 영향을 받는다는 점을 판단하도록 요구하고 있다. 즉, 이 문항의 핵심은 경쟁하는 가설에 대한 추가적 사실의 차별적 지지 관계(강화 또는 약화 관계)를 판단하는 것이다.

예제 2 2016학년도 27번 문항 | 모기가 인간 혈액 섭취 시 액체성분 분비하는 이유에 대한 가설

A, B에 대한 평가로 옳은 것만을 〈보기〉에서 있는 대로 고른 것은?

❿ 문제해결[28]

옳다고 믿는 가설과 배경지식을 동원하여 어떤 상황을 예측하였으나 현실적으로 그러한 예측이 틀린 역설적 상황에서 문제를 해결할 수 있는 방안을 찾을 수 있는 능력을 측정하는 문항이 문제해결 문항이다.[29]

---

[27] 법학전문대학원협의회, 「법학적성시험안내서」, 2016. 7. pp.226~234.
[28] 법학전문대학원협의회, 「법학적성시험안내서」, 2016. 7. pp.235~241.
[29] 법학전문대학원협의회, 「로스쿨 인사이드」, 2018. 5, p.9.

> **예제 1** 2015학년도 33번 문항
>
> ㉠에 대한 대답으로 적절한 것만을 〈보기〉에서 있는 대로 고른 것은?

위 예제1은 저신뢰 사회로 알려진 국가가 국제 비교 설문조사에서 어떻게 일반적 신뢰 수준이 매우 높게 나타날 수 있는지에 대한 설명을 만들어 낼 수 있는 능력, 즉 역설적 상황을 해소할 수 있는 능력이 있는지를 측정하는 문항이다.

> **예제 2** 2009학년도 36번 문항
>
> 기업이 (나)의 전략을 택하기 위한 조건만을 〈보기〉에서 있는 대로 고른 것은?

주어진 조건과 환경에서 최상의 행위 또는 정책을 합리적으로 선택하는 능력을 검사하는 문항은 원리적으로는 독립적인 합리적 선택 문항 유형에 귀속시키는 것이 바람직할 수도 있으나, 편의상 문제 해결 문항 유형에 속하는 것으로 정한다. 위 예제2는 상황에 따라 합리적 선택이 달라지는 경우와 관련한 문항이다.

지금까지 살펴본 '논증' 문항 유형(인지활동 유형)을 정리하면 다음과 같다.

논증 (40~60%)	논증 분석	명시적 요소분석	논증에 명시적으로 제시되어 있는 문장들 중에서 전제들과 결론을 찾아내고, 전제들이 결론을 어떻게 뒷받침하고 있는지 파악하는 능력을 측정함.
		암묵적 요소분석	논증이나 추리과정에서 의식적 또는 무의식적으로 생략된 전제들을 찾아내어 완전한 논증이나 완전한 추리과정을 재구성할 수 있는 능력을 측정함.
		구조 분석	논증 전체의 구조를 분석할 수 있는 능력을 측정함.
	논쟁 및 반론	논쟁분석 및 평가	논쟁의 쟁점을 파악하거나 공통의 가정 내지 전제를 파악하며, 논쟁을 평가할 수 있는 능력을 측정함.
		반론 구성	주어진 논쟁의 상황에 참여하여 한쪽 입장에서 상대방의 주장을 반박할 수 있는 능력을 측정함.
		오류	잘못된 논증을 분석하여 논증이 어떤 잘못을 범하고 있는지 파악할 수 있는 능력을 측정함.
	평가 및 문제 해결	논증평가	주어진 논증의 적절성과 설득력을 평가할 수 있는 능력을 측정함.
		강화 또는 약화	새로운 정보나 증거의 추가가 기존의 논증을 강화 또는 약화하는지 판단할 수 있는 능력을 측정함.
		문제해결	옳다고 믿는 가설과 배경지식을 동원하여 어떤 상황을 예측하였으나 현실적으로 그러한 예측이 틀린 역설적 상황에서 문제를 해결할 수 있는 방안을 찾을 수 있는 능력을 측정함.

3-2 개선안 이전 〈추리논증〉 영역 평가항목 이원분류표

'추리'와 '논증'의 두 하위 영역으로 이루어지는 〈추리논증〉 과목 전체의 이원분류표는 다음과 같다.

〈 추리논증 영역 평가목표 이원분류표 〉

추리의 내용 영역[31]	인지활동 유형[30]	추리			논증			인지활동 유형[32]	논증의 내용 영역[33]
		언어 추리	수리 추리	논리 게임	분석 및 재구성	비판 및 반론	판단 및 평가		
논리학·수학									
인문학								인문학	이론적 논변
사회과학								사회과학	
과학·기술								과학·기술	
								일상적· 도덕적 논변	실천적 논변
								의사결정	
								법적 논변	

❶ **언어추리** : 일상어를 다루고 일상어를 통하여 이루어지는 추리

㉮ 명제논리 : 논리적 연결사들의 진리조건에 따라서 추리하여 해결할 수 있는 문제

㉯ 술어 및 관계 논리 : 양화(Quantification)를 포함하고 있어서 다이어그램이나 모델을 만들어서 해결할 수 있는 문제

㉰ 함축된 정보의 파악 : 개념, 구절, 문장들의 의미론적/ 화용론적 함축을 고려하여 텍스트에 함축된 정보를 찾아내는 문제

㉱ 귀납추리 : 유비추리나 가설추리 등의 귀납추리를 요구하는 문제

---

[30] 흔히 '추리'라고 하면 연역추리와 귀납추리를 떠올리게 되는데, 실제로 추리 능력을 측정하는 시험의 문항은 주로 연역추리를 묻는 문제로 구성되게 마련이다. 따라서 '추리'영역의 하위 범주는 다른 방식으로 구별할 필요가 있어 '추리'의 하위 영역은 언어추리, 수리추리, 논리게임의 세 가지 인지활동 영역으로 구분하였다(한국교육과정평가원, 2006, p. 61).

[31] 인문학, 사회과학, 자연과학 및 기술공학 등의 학문 분야를 망라하되, 여기에 논리학과 수학을 한 영역으로 덧붙였다. 그 이유인 즉, 추리 문제의 속성상 다른 학문 분야의 전문가들만으로 추리 문제를 제작하기 어렵고, 논리게임과 같은 순수하게 정제된 추리 문제를 별도로 출제할 필요가 있다는 점에서 논리학과 수학을 '추리학'이라는 별도의 내용 영역에 배당하였다(한국교육과정평가원, 2006, p. 62).

[32] 이 영역의 인지활동은 비교적 구분이 잘되어 있는데, 논증 다루기는 『논증을 분석하고 재구성하기』, 『논증에 대하여 반론하고 비판하기』, 『논증을 평가하고 판단하기』 이렇게 세 범주의 활동으로 구분된다(한국교육과정평가원, 2006, p. 64).

[33] 이 영역의 내용은 크게 '이론적 논변'과 '실천적 논변'으로 구분한다.
- 이론적 논변 : 인문학, 사회과학, 자연과학 및 기술공학의 각 학문 분야들에서 생산되고 논의되는 논변
- 실천적 논변 : 행동 내지 행동 방침이나 의도를 결론으로 갖는 일상적인 실천적 논변, 도덕적 문제에 관련한 논변, 정책 결정이나 의사 결정과 관련한 논변, 법적인 판단과 관련한 논변

❷ **수리추리** : 수리적인 자료로부터 수리적으로 이루어지는 계산이나 추리

  ㉮ 수리 연산 및 대수 : 간단한 수 계산이나 방정식을 포함한 대수식을 이용하여 해결할 수 있는 문제

  ㉯ 도형 및 기하 : 도형의 성질이나 도형들의 관계를 이용하여 해결할 수 있는 문제

  ㉰ 게임이론 및 이산수학 : 경우의 수를 따져보거나 게임 이론의 간단한 보수 행렬 계산이나 비교를 통하여 해결할 수 있는 문제

  ㉱ 표, 그래프, 다이어그램 : 표나 그래프, 다이어그램 등으로 주어진 자료에서 필요한 정보를 추출, 추리하는 문제

❸ **논리게임** : 연역적인 추리 능력을 검사하는 전형적인 논리 퍼즐

  ㉮ 전형적인 유형에 따라서 배열하기 또는 속성 매칭시키기 문제

  ㉯ 연결하기 또는 Grouping하기 문제

  ㉰ 진실 또는 거짓 퍼즐

  ㉱ 수학적인 퍼즐

❹ **분석 및 재구성**

  ㉮ 논증의 주장과 제시된 근거를 파악하기

  ㉯ 논증이 기반하고 있는 원리나 가정 등을 파악하기

  ㉰ 논증에서 생략된 전제 찾기

  ㉱ 논증의 구조를 분석하거나 논증 유형 비교하기

❺ **비판 및 반론**

  ㉮ 논쟁의 쟁점을 파악하거나 공통의 가정 내지 전제를 파악하기

  ㉯ 주어진 논증에 대하여 반론을 제기하기

  ㉰ 비판이나 반론에 대하여 논증을 수정 보완하거나 재구성할 방안을 찾기

  ㉱ 갈등이나 역설의 논리적 기반을 파악하거나 그 해소 방안 찾기

❻ **판단 및 평가**

  ㉮ 논증이 범하고 있는 오류를 파악하기

  ㉯ 귀납논증에서 결론의 정당성을 강화하거나 약화하는 사례 또는 조건 파악하기

  ㉰ 논증에 대하여 종합적으로 평가하기

  ㉱ 평가의 원리 또는 가정 파악하기

Ⅲ. 추리논증 기출문제 문항 분석

지난 13년간의 기출문제 문항 분석을 통해, 시험의 경향은 계속 변해왔음을 확인하고, 최근 시험 경향 또한 하나의 경향임을 인식하고 너무 절대시하거나 일반화하지 않도록 한다.

○ 예비시험 (2008. 1. 26) 문항분석 ▶ 40문항, 120분 시험

추리의 내용 영역	인지활동 유형	추리			논증			인지활동 유형	논증의 내용 영역
		언어 추리	수리 추리	논리 게임	분석 및 재구성	비판 및 반론	판단 및 평가		
논리학·수학		1	2	3					
인문학			1	1	3		3	인문학	이론적 논변
사회과학		2	3	2			1	사회과학	
과학·기술		1	3	1	2	1	2	과학·기술	
							2	일상적·도덕적 논변	실천적 논변
							1	정책논변(의사결정)	
					2	1	2	법적 논변	
계		4	9	7	7	5	8		
			20			20			

특징 : 수리추리와 논리게임이 높은 비중(16문항, 40%)으로 출제

1 2009학년도 제1회 법학적성시험(2008. 8. 24) 문항분석 ▶ 40문항, 120분 시험

추리의 내용 영역	인지활동 유형	추리			논증			인지활동 유형	논증의 내용 영역
		언어 추리	수리 추리	논리 게임	분석 및 재구성	비판 및 반론	판단 및 평가		
논리학·수학		3	1	1					
인문학		1	0	1	4		1	인문학	이론적 논변
사회과학		3	3	1	1		1	사회과학	
과학·기술		3	3		2	1	2	과학·기술	
							1	일상적·도덕적 논변	실천적 논변
						1	1	정책논변(의사결정)	
					1	4		법적 논변	
계		10	7	3	8	6	6		
			20			20			

1) 원점수 평균 : 22.63   2) 수리추리와 논리게임 10문항(25%), 언어추리와 논증 30문항(75%) 출제

2 2010학년도 제2회 법학적성시험(2009. 8. 23) 문항분석 ▶ 35문항, 110분 시험

추리의 내용 영역 \ 인지활동 유형	추리 - 언어추리	추리 - 수리추리	추리 - 논리게임	논증 - 분석 및 재구성	논증 - 비판 및 반론	논증 - 판단 및 평가	논증의 내용 영역	
논리학·수학	2		2					
인문학	5			1	2		인문학	이론적 논변
사회과학	1	4	1				사회과학	
과학·기술	2			1		1	과학·기술	
				1	2		일상적·도덕적 논변	실천적 논변
							정책논변(의사결정)	
				9		1	법적 논변	
계	10	4	3	12	4	2		
	17			18				

1) 원점수 평균 : 20.93
2) 수리추리와 논리게임 7문항(20%), 법률형 문제 10문항(29%)

3 2011학년도 제3회 법학적성시험(2010. 8. 22) 문항분석 ▶ 35문항, 110분 시험

추리의 내용 영역 \ 인지활동 유형	추리 - 언어추리	추리 - 수리추리	추리 - 논리게임	논증 - 분석 및 재구성	논증 - 비판 및 반론	논증 - 판단 및 평가	논증의 내용 영역	
논리학·수학		2	1					
인문학	2	1		1	1	1	인문학	이론적 논변
사회과학	3	3	2			3	사회과학	
과학·기술	3	1			1		과학·기술	
				1	1		일상적·도덕적 논변	실천적 논변
							정책논변(의사결정)	
				7		1	법적 논변	
계	8	7	3	9	3	5		
	18			17				

1) 원점수 평균 : 19.44
2) 수리추리와 논리게임 10문항(30%), 법률형 문제 8문항(23%)

4. 2012학년도 제4회 법학적성시험(2011. 8. 21) ▶ 35문항, 110분 시험

추리의 내용 영역 \ 인지활동 유형	추리			논증			인지활동 유형 / 논증의 내용 영역	
	언어추리	수리추리	논리게임	분석 및 재구성	비판 및 반론	판단 및 평가		
논리학·수학	1	2	1					
인문학	2	2		2			인문학	이론적 논변
사회과학		2		1	1	2	사회과학	
과학·기술	3		1		1	3	과학·기술	
사회적 이슈·윤리					1		일상적·도덕적 논변	실천적 논변
정책(행정)	2					1	정책논변(의사결정)	
법적 소재	1			1	2	3	법적 논변	
계	9	6	2	4	5	9		
	17			18				

1) 원점수 평균 : 19.86
2) 출제기관 변경(법학전문대학원협의회), 논증 평가 9문항(26%), 수리추리와 논리게임 8문항(23%)

5. 2013학년도 제5회 법학적성시험(2012. 7. 22) ▶ 35문항, 110분 시험

추리의 내용 영역 \ 인지활동 유형	추리			논증			인지활동 유형 / 논증의 내용 영역	
	언어추리	수리추리	논리게임	분석 및 재구성	비판 및 반론	판단 및 평가		
논리학·수학	1	1	3					
인문학	1			2	1		인문학	이론적 논변
사회과학		2			1	3	사회과학	
과학·기술	3					2	과학·기술	
사회적 이슈·윤리	1					2	일상적·도덕적 논변	실천적 논변
정책·행정				1		1	정책논변(의사결정)	
법적 소재	5			1	1	3	법적 논변	
계	11	3	3	4	3	11		
	17			18				

1) 원점수 평균 : 18.86
2) 역대 최고 난이도, 논증 평가 11문항(31%), 수리추리와 논리게임 8문항(23%)

6 2014학년도 제6회 법학적성시험(2013. 8. 18) ▶ 35문항, 110분 시험

추리의 내용 영역 \ 인지활동 유형	추리			논증			인지활동 유형 \ 논증의 내용 영역	
	언어추리	수리추리	논리게임	분석 및 재구성	비판 및 반론	판단 및 평가		
논리학·수학		34	20, 21, 33, 35					
인문학		18, 31, 32	19	23		29	인문학	이론적 논변
사회과학	12, 13			11, 28	24, 26	27	사회과학	
과학·기술	14, 15, 16, 17			30			과학·기술	
사회적 이슈·윤리						10, 22, 25	일상적·도덕적 논변	실천적 논변
정책 (행정)							정책논변(의사결정)	
법적 소재	2, 3, 4, 6, 9			5, 7	8	1	법적 논변	
계	11	4	5	6	3	6		
	20			15				

1) 원점수 평균 : 22.5   2) 언어추리와 논증(26문항), 수리 및 논리게임(9문항), 법적소재(9문항), 자연과학(5문항)

7 2015학년도 제7회 법학적성시험(2014. 8. 17) ▶ 35문항, 110분 시험

추리의 내용 영역 \ 인지활동 유형	추리			논증			인지활동 유형 \ 논증의 내용 영역	
	언어추리	수리추리	논리게임	분석 및 재구성	비판 및 반론	판단 및 평가		
논리학·수학	18	35	19, 20, 34					
인문학		14, 15, 16			29		인문학	이론적 논변
사회과학	25, 27	26		13	31, 33	32	사회과학	
과학·기술	21	17			24, 30	22, 23	과학·기술	
사회적 이슈·윤리				10, 12		11, 28	일상적·도덕적 논변	실천적 논변
정책 (행정)							정책논변(의사결정)	
법적 소재	1, 2, 3, 5, 6, 7, 8					4, 9	법적 논변	
계	11	6	3	3	5	7		
	20			15				

1) 원점수 평균 : 21.35 2) 언어추리와 논증(26문항), 수리 및 논리게임(9문항), 법적소재(9문항), 자연과학(6문항)

8 2016학년도 제8회 법학적성시험(2015. 8. 23) ▶ 35문항, 110분 시험

추리의 내용 영역 \ 인지활동 유형	추리			논증			인지활동 유형 \ 논증의 내용 영역	
	언어추리	수리추리	논리게임	분석 및 재구성	비판 및 반론	판단 및 평가		
논리학·수학		30, 34, 35	31, 32, 33					
인문학					23	10	인문학	이론적 논변
사회과학	22	24		19	21	18, 20, 25	사회과학	
과학·기술	28, 29					26, 27	과학·기술	
사회적 이슈·윤리				12, 14	15, 16, 17	11	일상적·도덕적 논변	실천적 논변
정책·행정				13			정책논변(의사결정)	
법적 소재	6, 7, 8, 9			3		1, 2, 4, 5	법적 논변	
계	7	4	3	5	5	11		
	14			21				

1) 원점수 평균 : 19.07   2) 논증(21문항), 추리(14문항) / 법률형 문제(9문항), 윤리(6문항), 수리 및 논리게임(7문항)

9 2017학년도 제9회 법학적성시험(2016. 8. 28) ▶ 35문항, 110분 시험

추리의 내용 영역 \ 인지활동 유형	추리			논증			인지활동 유형 \ 논증의 내용 영역	
	언어추리	수리추리	논리게임	분석 및 재구성	비판 및 반론	판단 및 평가		
논리학·수학			20, 21, 22					
인문학				14, 15, 16, 18, 19	12, 17		인문학	이론적 논변
사회과학	28	29		24, 26, 27		23, 25	사회과학	
과학·기술	30, 31, 32, 33, 35					34	과학·기술	
사회적 이슈·윤리	13			11			일상적·도덕적 논변	실천적 논변
정책·행정	9						정책논변(의사결정)	
법적 소재	2, 3, 8				10	1, 4, 5, 6, 7	법적 논변	
계	11	1	3	9	3	8		
	15			20				

1) 원점수 평균 : 21.4   2) 언어추리와 논증(31문항), 수리 및 논리게임(4문항)/ 법적소재(9문항)

10 2018학년도 제10회 법학적성시험(2017. 8. 28) ▶ 35문항, 110분 시험

문항 유형 내용영역	추리		논증		
	언어추리	모형추리	논증 분석	논쟁 및 반론	평가 및 문제해결
논리학·수학		25,26,27,28			
인문(윤리학포함)	13		15,16,17,18	12,14	11,19,20
사회	21,22,29	6			33
과학기술	23,24,30,31,35				32,34
법·규범	2,3,4,5,8,9,10	7			1
계	16	6	4	3	6
	22		13		

1) 원점수 평균 : 21
2) 언어추리와 논증(31문항), 수리 및 논리게임(4문항)/ 법적소재(9문항)

11 2019학년도 제11회 법학적성시험(2018. 7. 15) ▶ 40문항, 125분 시험

문항 유형 내용영역	추리		논증			계
	언어추리	모형추리	논증 분석	논쟁 및 반론	평가 및 문제해결	
논리학·수학		29,30,31,32				4
인문(윤리학포함)	15,21,35		20	16,19,22	17,18	9
사회	26,28			24,25,27	23	6
과학기술	36,37,38,40			33,34	39	7
법·규범	1,6,7,8,9,11, 12,13,14			2,3,4,5,10		14
계	18	4	1	13	4	40
	22		18			

1) 원점수 평균 : 24.9
2) 언어추리와 논증(36문항), 수리 및 논리게임(4문항)/ 법적소재(14문항)

12. 2020학년도 제12회 법학적성시험(2019. 7. 14) ▶ 40문항, 125분 시험

문항 유형 내용영역	추리		논증			계
	언어추리	모형추리	논증 분석	논쟁 및 반론	평가 및 문제해결	
논리학·수학		31,32,33				3
인문(윤리학포함)	14,15,16,26		20,21,22	18,19,24	17,34	12
사회	11,28,29		25	27,30		6
과학기술	35,38,39,40				36,37	6
법·규범	2,7,8,9,10,12,13	23	1	3,4,5,6		13
계	18	4	5	9	4	40
	22		18			

1) 원점수 평균 : 24.1
2) 언어추리와 논증(36문항), 수리 및 논리게임(4문항)/ 법적소재(13문항)

13. 2021학년도 제13회 법학적성시험(2020. 7. 19) ▶ 40문항, 125분 시험

문항 유형 내용영역	추리		논증			계
	언어추리	모형추리	논증 분석	논쟁 및 반론	평가 및 문제해결	
논리학·수학		21,22,23				3
인문(윤리학포함)	31,33		19	14,16,17,18,24	15,34,35	11
사회(경제)	25,26,27,29,30,32			28		7
과학기술	38,39,40			20	36,37	6
법·규범	3,4,5,6,7,8,9,10,11,12			2,13	1	13
계	21	3	1	9	6	40
	24		16			

1) 원점수 평균 : 21.9
2) 언어추리와 논증(37문항), 수리 및 논리게임(3문항)/ 법적소재(13문항)
3) 특이점 - 언어지문형 수리추리 8~12문항 출제(법률형문제에서 8문항)/ 논증(논쟁) 분석 8문항/ 논증(논쟁) 강화 약화 문제 7문항 출제

14 2022학년도 제14회 법학적성시험(2021. 7. 25) ▶ 40문항, 125분 시험

문항 유형 내용영역	추리		논증			계
	언어추리	모형추리	논증 분석	논쟁 및 반론	평가 및 문제해결	
논리학·수학		32,33,34				3
인문(윤리학포함)	15,20,23		21,36	16,17,18,22	19,31	11
사회(경제)	24,25,27			26	28,29,30	7
과학기술	35,37,40				38,39	5
법·규범	3,4,6,7,9, 11,13,14			2,5,8,10,12	1	14
계	17	3	2	10	8	40
	20		20			

1) 원점수 평균 : 22.7
2) 언어추리와 논증(37문항), 수리 및 논리게임(3문항)/ 법적소재(14문항)
3) 특이점 – 언어지문형 수리추리 11문항 출제(법률형문제에서 4문항)

15 2023학년도 제15회 법학적성시험(2022. 7. 24) ▶ 40문항, 125분 시험

문항 유형 내용영역	추리		논증			계
	언어추리	모형추리	논증 분석	논쟁 및 반론	평가 및 문제해결	
논리학·수학		32,33,34				40
인문(윤리학포함)	16,24		17,19,23,25	15,18,20	21,22	
사회(경제)	30	31	26		27,28,29	
과학기술	36,38,39,40			35	37	
법·규범	1,4,5,7,8,10			3,11,12,13,14	2,6,9	
계	13	4	5	9	9	40
	17		23			

1) 원점수 평균 : 23.1
2) 언어추리와 논증(36문항), 수리 및 논리게임(4문항)/ 법적소재(14문항)
3) 특이점 – 언어지문형 수리추리 11문항 출제(표, 그래프, 관계식 포함 시 14문항), 언어철학(5문항)
4) 문6, 문12, 문26은 문제속성 상 추리로 분류할 수도 있으나, 출제기관이 추리문항 43%, 논증문항 57%로 밝히고 있어 조정하였음.

CHAPTER 2
추리논증 학습전략

핵심 내용

| 추리논증, 무엇을 어떻게 공부하여야 하는가?
| 합격생들의 추리논증 학습 방법
| 제1회 2020 LEET 장학생의 고득점 학습 Tip
| 제2회 2021 LEET 장학생의 고득점 학습 Tip
| 제3회 2022 LEET 장학생의 고득점 학습 Tip
| 제4회 2023 LEET 장학생의 고득점 학습 Tip

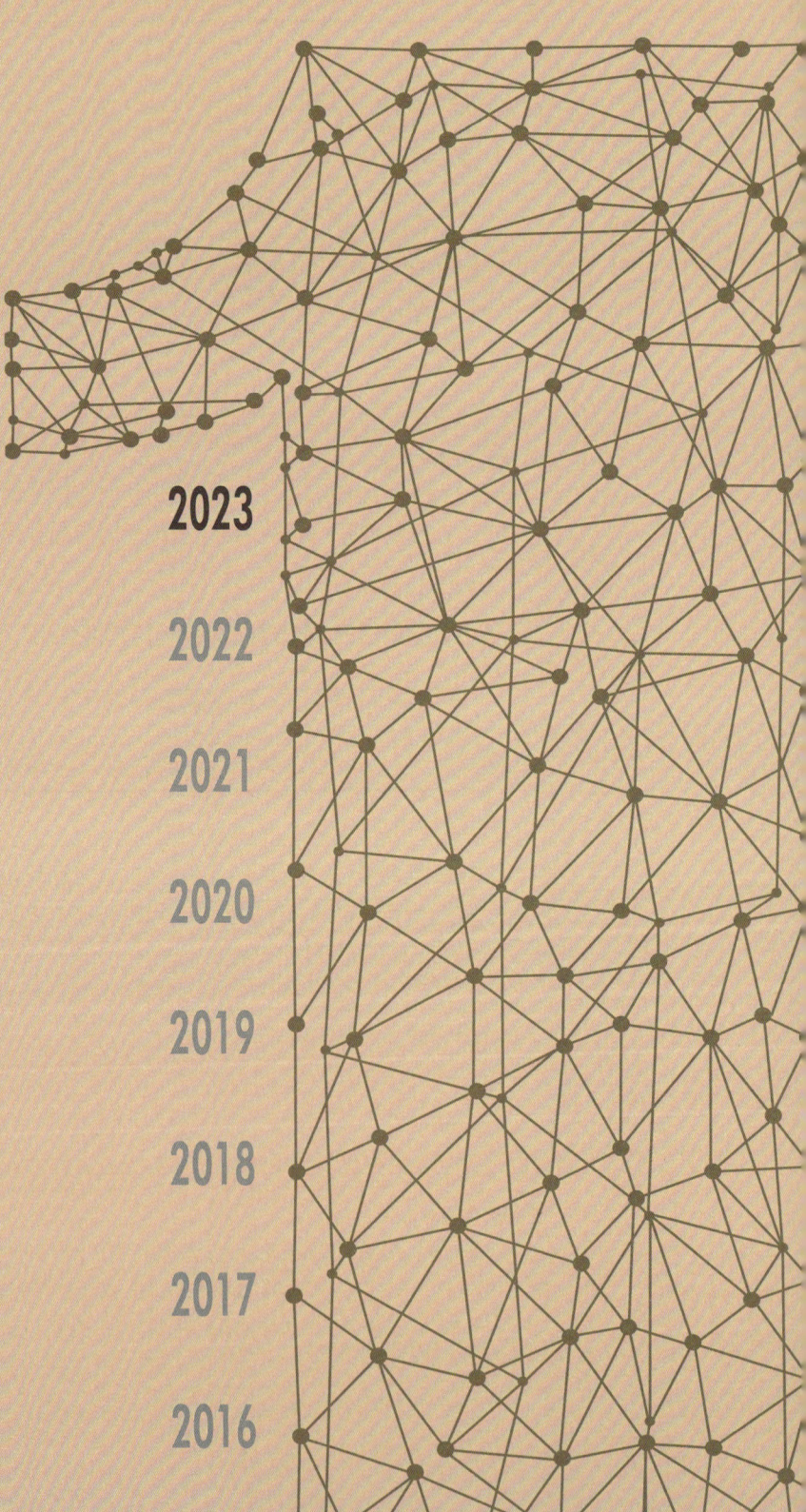

I. 추리논증, 무엇을 어떻게 공부하여야 하는가?

"추리논증, 무엇을 어떻게 공부하여야 하는가?"라는 질문을 "추리력과 논증능력의 향상을 위해 무엇을 어떻게 공부하여야 할 것인가?"라는 질문으로 해석하기보다는 "추리논증 시험에서 보다 좋은 점수를 받으려면 무엇을 어떻게 공부하여야 할 것인가?"라는 질문으로 해석하여 보다 실질적이고 구체적인 논의를 진행하도록 하겠다. 그 이유는 추리논증 시험을 준비하는 수험생의 목적이 주변 사람들로부터 추리력과 논증능력이 훌륭하다는 말을 듣는데 있다기보다는 추리논증 시험을 잘 보는데 있기 때문이다. 이 말은 추리력과 논증능력이 있다는 말을 듣는다고 추리논증 점수가 반드시 잘 나온다는 것을 의미하지 않음을 의미한다.

★1 학습 기준

추리논증 학습의 가장 우선적인 기준으로 삼아야 하는 것은 출제기관의 지침과 예비시험을 포함한 그 동안의 기출문제이다. 출제기관의 지침은 일종의 시험운용의 설계도이고 기출문제는 그 설계도에 의해 구성된 결과물이기 때문이다. '추리논증'이라는 영역은 법학적성시험에서 처음 만들어진 영역으로, 어느 특정 학문분과에 대한 시험이 아니기 때문에 출제기관의 지침과 기출문제는 더더욱 중요한 의미를 띤다고 할 수 있다. 출제지침과 기출문제 둘 다 학습의 기준을 제시하지만 정오답 판단의 구체적인 기준 등을 정립하여야 하고 실전에서 시험문제를 풀어내야 하는 수험생에게는 기출문제가 훨씬 중요하다.

2 추리논증 영역의 학습범위

추리논증 영역 평가목표 이원분류표나 개선안에서 제시한 문항유형표는 LEET 추리논증 영역을 개념적으로 정의한 것으로 공부할 내용과 범위를 담고 있다. 이에 따르면 첫 번째 기준인 인지활동 유형 내지 문항유형에는 추리력과 논증능력(비판력)이 있는데, 「추리」는 이해한 지식이나 정보로부터 새로운 지식이나 정보를 산출하거나 이해한 지식을 구체적 상황에 적용하는 능력을, 「비판」은 새로운 지식, 정보 또는 의견을 산출하는 과정인 논증을 분석하고 평가하는 능력을 말한다.[34] 따라서 추리와 논증(비판)이론에 관한 기본적인 학습을 필요로 한다.

두 번째 기준은 내용영역으로 논리학, 수학, 인문학, 사회과학, 과학기술, 일상적·도덕적 논변, 의사결정, 법적 논변 등이 있는데, 이는 시험문제의 소재가 되는 학문영역을 의미하는 것으로 전 학문분과를 포괄한다. 따라서 고득점을 위해서는 원칙적으로 넓고 깊은 독서를 필요로 한다.

---

34) 법학전문대학원협의회, 2015. 4. 3, 법학적성시험의 성과와 발전 방향 공청회 자료집

❶ 추리와 비판적 사고의 도구(tool)로서 형식 논리학과 논증이론을 학습할 필요가 있다.

　명제논리, 술어 및 관계 논리 등 '논리'라고 표현되는 추론 규칙들과 오류론 등을 포함한 논증이론을 학습하여 자신의 사고체계의 합리성을 한번 점검해 볼 필요가 있다. 논리와 비판적 사고, 비판적 사고를 위한 논리, 비판적 사고 등으로 시중에 출판된 서적들이 '추리'와 '논증(비판)'의 이론서에 해당한다. 그러나 오해하지 말아야 할 것은 이러한 이론서를 철저하게 학습하고 완전히 숙지하였다고 하여 추리논증 문제가 저절로 풀리는 것이 아니라는 것이다. 단지 이러한 이론서는 사고의 큰 틀을 제시해 주었다고 할 수 있고, 이를 구체적인 상황 내지 문제에 적용(응용)하여 추리력과 비판능력을 제고시켜 나가야 추리논증 점수는 제고될 것이다. 또한 최근 시험의 출제 경향은 논리학 내지 논증이론의 형식적 적용 등에 갇혀 있지 않고, 합리적인 추론 능력과 비판 능력을 평가하는 문제가 주로 출제되고 있음을 염두에 둘 필요가 있다.

❷ 내용 영역별 학습차원에서 자신이 부족한 학문분과를 찾아 이에 대한 보충학습을 할 필요가 있다.

　추리논증 문제에 사용되는 제시문은 대학 일반교양 수준의 내용이다. 사용되는 제시문의 범위는 모든 학문분과의 이론적 내용과 실천적 소재 등을 망라한다. 그러나 이러한 학문분과의 출제비중이 동일한 것도 아니고 체감난이도 또한 동일하지 않다. 따라서 자신이 부족한 내용 영역을 빨리 찾아내어 이에 대한 보충학습을 하는 것이 점수향상을 위해 중요하다. LEET라는 것이 특정 배경지식을 가져야만 해결할 수 있는 것이 아니라 추리력과 비판력을 통해 풀어가는 것이 아닌가라는 원론적인 질문을 던질 수 있겠으나, 우리 시험은 제한된 시간 내 해결해야 한다는 측면과 익숙한 소재로 구성된 제시문의 경우 훨씬 더 쉽고 정확하게 이해하고 핵심을 파악할 수 있다는 측면을 고려할 때 기본적인 지식에 따른 점수 차이는 불가피하다고 할 수 있다.

　출제기관은 추리논증 학습 방법으로 넓고 깊은 독서의 생활화, 비판적 글 읽기 등을 제시하면서, 깊고 넓은 독서를 한 수험생에게 유리한 시험이 되도록 하겠다고 말한다. 이는 배경지식 학습의 중요성을 달리 표현한 것이라 할 수 있다.

　일반적으로 고득점 획득을 위해서는 법률적 소재, 철학, 논리학, 과학적 방법론, 자연과학 소재(지구과학, 생명과학 등)에 대한 기본적인 학습이 필요하다. 이러한 영역들은 기본 지식이 있는 상태에서의 문제해결과 그렇지 못한 상태에서의 문제해결이 큰 차이를 보이는 영역들이기 때문이다. 자신이 부족한 영역을 찾아가는 방법은 기출문제 풀이를 통해서 찾아가는 것이 가장 권장할 만하다.

★ ❸ 추리논증 시험공부의 처음과 끝은 기출문제이다.

　앞서 학습기준을 제시할 때, '추리논증'이라는 영역은 법학적성시험에서 처음 만들어진 영역으로, 어느 특정 학문분과에 대한 시험이 아니기 때문에 출제기관의 지침과 기출문제는 더욱 중요한 의미를 띤다고 말했다. 부언한다면, 모든 시험에서 기출문제는 두 말할 나위 없이 매우 중요하다. 문제는 이렇게 중요한 기출문제를 어떻게 학습에 제대로 활용할 것인가 하는 것이다. 기출문제 학습법에 대해서는 뒤에서 자세히 언급하도록 하겠다.

막연히 추리논증 관련 서적을 보며 학습에 임할 것이 아니라, 기출문제를 먼저 풀어보면서 자신이 시험장에서 접해야 할 실체를 확인하고 이에 맞게 학습을 할 필요가 있다. 기출문제를 풀어보는 것은 빠르면 빠를수록 좋다. 하지만 수험생에 따라서 차이가 좀 있을 수는 있으나 일반적으로 아무런 준비 없이 기출문제를 풀어본다는 것은 심리적으로 매우 부담스러울 수 있다. 따라서 PSAT(공직적격성평가) 기출문제를 워밍업 삼아 풀어보거나, 필자의 기초입문 교재 내지 강의를 수강한 후에 '추리논증 기출문제'를 풀어볼 것을 권한다. 그래야 본격적인 추리논증 시험 준비가 시작된다. 이때부터 성적향상을 위한 실질적인 고민들이 시작될 것이기 때문이다.

3 추리논증 학습방법

❶ 추리논증 시험은 사고력 평가에 초점을 둔 시험이므로 이에 맞게 학습하여야 한다.

이전의 대부분의 시험은 지식 위주의 성취도 평가 시험이었다. 따라서 얼마나 많은 내용을 제대로 기억하고 있느냐가 중요했다. 그러나 최근의 시험들은 능력 평가 내지 적성 평가로 바뀌고 있다. 대입수학능력평가시험, 의치의학교육입문검사(MEET/DEET), 공직적격성평가(PSAT) 등이 그 예이다.

이러한 능력 평가 시험의 특징은 사고 기능에 초점이 맞추어져 있기 때문에 비교적 접하지 못했던 소재를 지문으로 출제하는 것이 보통이며, 설령 접했던 소재라 하더라도 즉각적인 답을 할 수 있게 하기 보다는 심도 깊은 사고를 통해 답을 추론할 수 있게끔 출제하는 것이 보통이다.

출제기관 또한 지속적으로 발간 자료집에서 "법학적성시험은 수험생이 습득하고 있는 지식의 양이나 정확성을 측정하기 위한 시험이 아니라, 지식을 습득, 산출, 비판하는 지성적 능력과 세계와 사회에 대한 지성적, 윤리적 관심과 감수성을 측정하기 위한 시험"이라고 밝히고 있다.

따라서 추리논증을 학습할 때에는 특정 서적을 중심으로 내용을 기억하는 학습을 하기 보다는 사고력에 초점을 둔 학습을 하는 것이 중요하다.

★ **❷ 기출문제와 같이 잘 만들어진 문제를 가지고 "왜? 어떻게?" 등의 질문을 던지며 하나씩 정리해 가고, 부족한 부분은 관련 서적을 통해 보충학습을 하는 것이 좋다.**

그런데 앞서 언급한 사고력에 초점을 둔 학습을 한다는 것이 '생각하는 훈련이 되어 있지 않은 수험생'에게는 개념조차 잡히지 않는 소리로 들릴 수 있다. 그래서 보다 구체적인 학습법을 제시한다면 기출문제와 같이 좋은 문제를 가지고 "왜 이 선택지가 정답인지, 왜 이 선택지는 정답이 아닌지, 어떻게 하면 이런 문제를 잘 해결할 수 있을지" 등 질문을 던지며 학습하는 것이다. 달리 말하면 단순히 문제의 정답이 무엇인지를 확인하고 그 내용을 기억하는 데 초점을 두기보다는 그 문제를 어떻게 해결해야 하는지, 그리고 정오답 선택의 판단기준 및 근거는 무엇인지에 보다 초점을 두어 보다 분석적으로 학습해야 한다. 그러면서 좀 더 찾아보고 싶은 내용이 있으면 관련 서적을 찾아보는 식으로 학습하는 것이다.

❸ 부족한 배경지식의 습득을 위해서도 LEET 기출문제, PSAT 기출문제, MEET/DEET 기출문제, 모의고사 문제 등을 먼저 풀어본 후 관련 서적을 본다면 훨씬 효과적인 학습이 된다.

다양한 학문분과의 기본 내용을 학습한다고 하더라도 과거의 지식위주의 학습패턴에 따라 학습한다면 노력한 만큼의 결과를 얻지 못할 수 있다. 반면에 추리력과 비판력 평가를 목적으로 만들어진 LEET 기출문제, 이와 유사한 사고력 평가 시험인 PSAT 기출문제, M/DEET 언어추론 기출문제들을 풀고 각각의 선택지를 판단하고 제시문을 분석하면서 관련 서적들을 통해 다양한 학문분과의 배경지식을 제고한다면 훨씬 더 수험적합적인 학습을 하게 될 것이다. 그 이유 중 하나는 이미 시험에 출제된 내용들은 각각의 학문분과에서 중요시 여겨지는 것들이 대부분이기 때문이다. 그래서 이렇게 학습하는 것은 각 학문분과의 방대한 내용 중 중요한 내용들 중심으로 학습을 하게 된다는 장점이 있다. 여기서 배경지식 학습이란 개개의 구체적인 정보들을 기억하는 것을 의미한다기보다는 모르는 개념을 찾아보고 개념들 간의 관계를 파악하는 것을 의미한다. 기출문제들을 풀면서 학습하다보면 어떠한 내용들이 문제해결에 도움이 되는지를 판단할 수 있게 될 것이다.

★ ❹ 합격수기 내지 수험후기를 통해 합격생들의 진정성 있는 공부 방법을 적극 참조할 필요가 있다.

처음 가는 길은 시행착오를 범할 가능성이 높다. 시행착오를 줄이거나 범하지 않기 위해서는 먼저 그 길을 간 사람들의 경험을 적극 경청할 필요가 있다. LEET라는 시험의 특성 상 시험을 준비하는 수험생들의 출발점이 동일하지 않다. 따라서 이러한 사실을 염두에 두고 자신과 비슷한 상황에 있었던 합격생 내지 성적향상우수자의 공부 방법을 적극 참조하여 시행착오를 최소화하고 흔들림 없이 목표를 향해 나아갈 필요가 있다.

4 수험준비 contents

문제 중심의 학습을 위한 contents를 우선순위에 따라 제시하면 다음과 같다.

추리논증 관련 이론 즉, 형식논리학과 논증이론, 그리고 PSAT 기출문제와 LEET 예시문항, 예비시험 문제를 중심으로 친절하게 구성한 책이 '조성우 추리논증 입문'이고, 추리논증 핵심이론과 LEET 기출문제를 중심으로 구성한 책이 '조성우 추리논증 기본'이며, M/DEET 언어추론 기출문제

와 PSAT 기출문제, 그리고 일부 LEET 기출문제로 구성한 책이 '조성우 추리논증 심화'이다. 이 모든 교재들은 각각의 기출문제들을 유형별로 재분류하여 제시하고 있다.

실전 모의고사 문제는 LEET 기출문제를 모델로 하여 중요 논리와 패턴, 그리고 새로운 소재를 학습할 수 있도록 정교하게 구성하여 '조성우 추리논증 고득점 강의', '조성우 추리논증 파이널 모의고사 강의'에서 제공하고 있다. 필자의 경우 모의고사 문제는 문제집으로 출간하지 않고 있다.

★★ 5 기출문제 학습방법[36]

★ ❶ 기출문제 전체 문제 풀기

자신의 현 주소 파악 및 학습 목표의 확인 등을 위해 먼저 기출문제를 풀어볼 것을 적극 권장한다. 수험생 중에는 기출문제가 최상급 모의고사로서의 가치가 있기 때문에 아껴두었다가 시험 직전에 풀어보는 것이 어떠냐는 질문을 하는 학생도 있는데 매우 잘못된 접근이다. 기출문제는 시험 직전에 모의고사로 한 번 풀어볼 정도의 자료가 아니라, 수험생활을 하는 동안 내내 곱씹어 가며 분석하고 학습에 활용해야 할 자료다. 또한 시험 직전에 기출문제를 풀어보고 자신이 제대로 방향성을 잡아 학습하지 못했다면 이를 만회할 시간이 없고, 설령 점수가 좋게 나왔다 하더라도 시험을 준비하면서 직간접적으로 기출문제를 접한 후에 나온 점수일 수 있기 때문에 자신의 실력을 제대로 보여주는 점수라 할 수 없다.

따라서 LEET 강의 등을 통해 기출문제를 접하기 전에 실전과 동일한 상황에서 풀어보는 것이 좋다. 강의를 듣거나 관련 학습을 통해 직간접적으로 문제를 접해본 후에 기출문제를 풀어서 심리적인 위안을 얻기보다는, 힘들고 부담스럽겠지만 생소한 상태에서 기출문제를 풀어보고 자신에게 가장 도움이 될 수 있는 자료로 활용하는 것이 현명한 접근이다. 기출문제는 자신의 현주소를 가장 잘 진단해 줄 수 있는 최상급 진단자료인 동시에 수험전략의 보고이다.

하지만 기출문제 전체 문제 풀기를 혼자서 시간에 맞춰 시험처럼 제대로 진행하는 것이 쉽지 않다. 그래서 필자의 경우 2번째 강의인 기본강의(1월~2월)를 진행할 때 '기출문제 함께 풀기 특강'이라는 이름으로 매주 수강생들이 함께 모여 시험처럼 기출문제 함께 풀도록 하고 있다.

---

[35] PSAT 기출문제는 문제 풀이 훈련과 더불어 배경지식을 제고할 수 있는 좋은 학습 교재이다. PSAT과 LEET를 영역별 matching을 시켜보면, 언어논리영역의 언어 관련된 부분은 언어이해로, 논리부분은 추리논증으로 재구성되었다고 볼 수 있으며, 자료해석 영역은 추리논증 영역의 수리추리부분으로 다소 축소된 경향이 있고, 상황판단 영역은 추리논증의 추리와 논증의 내용적 측면인 이론적 실천적 논변으로 재구성되었다고 할 수 있다. PSAT과 LEET의 차이점이라고 한다면 PSAT은 잠재적인 업무수행능력을 염두에 두고 문제를 구성하고 있는 반면에 LEET는 법학전문대학원 수학능력을 염두에 두고 문제를 구성하고 있다는 데 있다.

[36] 여기서 제시한 기출문제 학습방법은 LEET 기출문제의 학습뿐 아니라 PSAT 기출문제 학습에도 적용하여 학습하도록 한다.

- 먼저 2012학년도 추리논증 기출문제를 실전처럼 쉬지 않고 제한된 시간(110분) 내에 OMR카드까지 작성하며 풀어 본다.(OMR은 필자의 학원 홈페이지 학습자료실에서 다운로드 가능)

- 정답을 확인하기 전, 못 푼 문제들과 시간 제약 상 찍은 문제들을 시간을 갖고 다시 풀어본다. 헷갈렸던 문제 또한 다시 시간을 갖고 풀어보고 처음 답안과 다시 푼 답안은 구분하여 적어둔다.

- 이제 정오답을 확인하며 틀린 문제의 경우 어떻게 해서 답을 골랐는지 이유를 적어둔다. 더불어 문제풀이에 대한 1차적인 느낌을 첫 페이지에 적어둔다. 예를 들어, 시간이 많이 부족했다라든지, 실수로 틀린 것들이 많았다든지 등등.

- 기출문제를 풀어가는 순서는 35문항 110분 시험인 2012학년도부터 2018학년도까지, 그리고 40문항 125분 시험인 2019학년도부터 2023학년도까지, 그러고 나서 예비시험, 2009학년도, 2010학년도, 2011학년도 순으로 풀어갈 것을 권한다.

- 위에서 언급한대로 2012학년도 추리논증 기출문제부터 몇 회를 풀어본 후 다음 학년도 기출문제를 풀어가는 것이 무의미하게 느껴질 정도로 문제풀이에 대한 접근이 쉽지 않은 수험생의 경우에는, 필자의 기초입문강의(형식논리학과 논증이론, PSAT 기출, LEET 예시문항, 예비시험 문제로 구성) 또는 교재를 통해 문제풀이의 기본기를 익힌 후 다시 기출문제 풀이에 도전하도록 한다.

★ ❷ 기출문제 유형별 학습 및 개별 문제 상세 분석

기출문제의 유형별 학습을 통해 효율적인 문제풀이 노하우를 습득하고 정오답구성의 논리를 체화(體化)할 필요가 있다.

"조성우 추리논증 기본" 교재는 LEET 기출문제를 중심으로 유형별 학습 및 개별 문제 상세 분석을 목적으로 출제기관이 제시한 추리논증 체계에 맞춰 구성된 책이고, 본 교재인 "조성우 추리논증 입문" 교재는 PSAT 기출문제와 LEET 예시문항 등을 중심으로 추리논증 이론과 함께 유형별 학습을 할 수 있도록 매우 친절하게 구성된 책이다. 따라서 "추리논증 기본"을 학습하기 전에 "기출문제 전체 문제 풀기" 가이드에 따라 LEET 추리논증 기출문제를 반드시 먼저 풀어보기 바란다. 하느냐 하지 않느냐에 따라 학습 결과는 크게 달라질 것이다. 기본강의를 수강하는 경우에는 앞서 언급한 대로 강의에서 '기출문제 함께 풀기 특강' 등을 소개하고, 이에 대한 언급을 자세히 할 것이므로 반드시 미리 풀고 강의에 임할 필요까지는 없다.

★ 기출문제 유형별 학습의 목적 내지 효용을 설명하면 다음과 같다.

- 기출문제를 유형별로 묶어 학습함으로써 공통적인 요소에 대한 효율적인 대처를 할 수 있다.
- 언어추리나 논증 문제의 경우 묶어서 정리함으로써 "정오답 판단의 기준"을 명확히 하고 구체화할 수 있다.

- 수리추리 및 논리게임 등 시간이 많이 소요되는 문제의 경우 시험에서 요구하는 전형적인 문제패턴을 확인하고 집중적으로 훈련할 수 있다.
- 유사한 소재를 묶어 학습함으로써 자신이 부족한 내용영역을 쉽게 찾아낼 수 있고, 묶어서 학습한 내용은 유사 소재 출제 시 빠르고 정확한 이해를 돕는다.

★ 기출문제 유형별 학습 및 개별 문제 상세 분석 시 점검해야 할 사항들은 다음과 같다.
- 문제에서 요구하는 것은 무엇인가?
- 각각의 〈보기〉나 선택지는 왜 맞고 왜 틀린 것인가? 제시문 내 정오답 판단의 근거는 각각 어디에 있는가?
- 제한된 시간 내(약 3분 내지 4분) 문제를 풀 수 있었는가? 그렇지 못했다면 어떻게 하면 시간을 줄여갈 수 있을까?[37]
- 검토한 문제는 어떻게 풀어가는 것이 좋았을까? 빠르고 정확한 해결을 위한 방법은 없는가? 문제나 제시문에 특징적인 요소나 단서는 없는가?

위 4가지를 한 번에 다 하려고 하면 시간이 너무 많이 걸리거나 지칠 수 있으므로 처음 기출문제를 분석할 때에는 '정오답 판단의 논리'를 점검하는 데 보다 집중하고, 두 번 세 번 반복학습을 할 때에는 '빠르고 정확한 해결'에 점점 무게를 두어 학습하는 것이 좋다. 이러한 과정을 도와주는 것이 바로 "조성우 추리논증 강의"이다.

★ ❸ 기출문제 학년도별 반복(Repetition) 학습

기출문제 유형별 학습 및 개별 문제 상세 분석을 몇 차례 반복한 후에는, PSAT 기출문제나 LEET 모의고사 문제 등을 통해 자신의 부족 부분을 보충하는 것이 필요하다. 그리고 나서 또 다시 기출문제를 반복해서 점검할 필요가 있다.

이때에는 유형별 학습이 아닌 학년도별 전체 문제를 다시 풀고 시험 문제의 구성 등 전체적인 측면과 함께 개별 문제들을 분석해 가는 것이다. 이쯤 되면 안 보이던 기출문제의 성격이 보이고 정오답의 구성의 논리 등이 보일 것이다. 그러면서 발견되는 약점들을 집중적으로 보완해 갈 필요가 있다.

---

[37] 제시문 분량과 난이도에 따라 문제풀이에 소요되는 시간은 다를 수밖에 없지만, 대개 언어로 구성된 문제의 경우는 3분 ± 30초 정도가 적절하고, 수리추리나 논리게임의 경우는 4분 ± 30초 정도가 적절하다.

6 중간 점검 및 모의고사 문제 풀이

LEET 기출문제와 PSAT 기출문제, M/DEET 언어추론 기출문제를 학습하면서 중간 중간 모의고사 내지 진단평가를 통해 자신의 학습 상황을 점검하는 것이 좋다. 물론 모의고사 문제풀이 훈련을 본격적으로 하는 것은 LEET 기출문제나 PSAT, M/DEET 언어추론 기출문제 학습이 어느 정도 끝난 후가 좋으나, 중간 중간 자기 점검 목적의 모의고사는 보다 현실감을 제고시켜주고 학습을 제대로 할 수 있도록 각성시키는 효과가 있으므로 권장할 만하다.

LEET 기출문제와 PSAT 기출문제, M/DEET 언어추론 기출문제를 학습한 후에는 양질의 모의고사 문제를 통해 취약한 문제패턴에 대한 집중적인 훈련과 출제될 수 있는 소재에 대한 배경지식을 확장해 간다. 제한된 시간 내 문제를 해결하는 것은 고도의 집중력과 반복적인 훈련을 필요로 하므로 처음에는 20문항으로 구성된 하프 모의고사 문제로 문제풀이 훈련을 하고 점차적으로 40문항으로 구성된 실전모의고사 문제로 옮겨가는 것도 좋은 방법이다.

- 모의고사 문제풀이를 통해 시험운영 능력을 제고하고, 시험에 인용될 수 있는 배경지식을 확장한다.
- 잘 만들어진 모의고사 문제는 기출문제의 정오답구성의 논리를 체화시키고, 시험에 출제될 수

7 수험 준비의 네비게이션

지금까지 살펴본 적성(능력) 평가라는 시험의 특성을 통해 수험기간동안 잊지 말아야 할 나침반과 같은 사항을 제시하니 염두에 두길 바란다.

❶ 실전 상황을 염두에 두고 학습에 임한다.

- 125분 내 40문제[110분 내 35문제]를 풀어내야 하는 시험이다.
- 중간 중간 모의고사를 통해 실전 상황을 느껴보도록 한다.
- 문제를 풀 때마다 스톱워치를 사용하여 문제풀이에 걸린 시간을 적어놓도록 한다.
- 매번 하는 것이 심리적으로 큰 부담이 된다면 가끔씩이라도 문제풀이 시간을 점검하여 수험적합적인 학습이 되도록 한다.

❷ 문제를 제대로 숙지하는 것 못지않게 반복학습을 통해 체화시키는 것이 중요하다.

문제를 풀고 점검을 할 때에는 선택지 하나하나를 꼼꼼히 따져보고 제시문을 철저히 분석하는 것은 중요하다. 그리고 이 못지않게 중요한 것은 틀린 문제 등에 대한 지속적인 반복학습이다. 그렇지 않으면 시험에서 제대로 활용될 수 없는 단계에 머무를 가능성이 높다.

- 시간에 절대적으로 쫓기는 재학생이 아니라면, 반복 체화를 위해 반드시 자신의 힘으로 노트를 만들 것을 권한다.
- 노트는 정리노트, 오답노트, 실수노트, 문제풀이전략노트 등 자신에게 필요한 것부터 만들어가고, 모의고사문제를 풀기 전 반드시 읽고 시험에 임한다.[p.83. 제2회 성적향상 장학생 박OO 공부방법 참조]

❸ 합격생들의 수험후기를 중간 중간 참고하면서 슬럼프를 슬기롭게 극복하고 마지막 순간까지 최선을 다하도록 한다.

LEET 추리논증 시험은 인문, 사회, 자연과학 등 모든 영역을 소재로 하여 사고력을 평가하는 시험으로 어느 특정 지식에 대한 습득여부가 바로 시험점수의 향상으로 이어지는 것은 아니다. 물론 학습한 내용만을 가지고 구성된 문제라면 성적향상을 경험할 수 있겠지만 기출문제와 같이 정상적으로 만들어진 모의고사문제라면 실력이 향상되었다고 하더라도 바로 표준점수의 향상으로 이어지지 않을 수 있다.

또한 수험생 간 출발점도 다르고, 개인적 특성도 달라 성적향상의 정도 또한 다르다. 그리고 LEET 추리논증은 절대평가가 아닌 상대평가로 시험에 응시한 수험생간 편차가 표준점수로 표현되는 것이기 때문에 남들보다 더 큰 향상이 있어야 시험점수의 향상을 경험할 수 있다.

그리고 기출문제를 통해서도 확인할 수 있듯이, 시험문제의 구성에 따라 시험점수가 영향을 많이 받는 측면이 있어 매번 모의고사에서 안정적인 점수를 거두기가 쉽지 않다. 이러한 요인들로 인해 시험을 준비하는 동안 마음고생이 상당할 수 있다. 따라서 주변 수험생들과의 단순 비교를 통해 일희일비하기보다는 힘들 때마다 합격생들의 진술한 수험후기를 참고하면서 마지막까지 순간순간 자신의 길을 충실히 걸어가기를 바란다.

8 참고서 및 강의의 입체적 활용

기초 논리학과 논증판단의 기준을 습득하기 위해 참고할 만한 서적으로는 김광수 교수의 「논리와 비판적 사고」 또는 박은진 교수의 「비판적 사고를 위한 논리」를 권한다. 논증 관련 참고서로는 최훈 교수의 「논리는 나의 힘」을 권한다. 문제를 풀면서 의문이 생길 때마다 해당 내용을 찾아 참조하면 도움이 될 것이다.[38]

제대로 준비된 강의와 교재는 수험생의 시간과 노력 그리고 시행착오를 줄여 준다. 내가 할 수 없어서 강의를 활용하는 것이 아니라 내가 할 수도 있으나 많은 시간과 노력 그리고 시행착오를 줄이기 위해 강의를 활용한다고 할 수 있다. 물론 공부는 자신이 하는 것이다. 그러나 트레이너가 있는 경우와 혼자서 하는 경우는 분명 적지 않은 차이가 있을 것이다.

---

38) 물론 기초입문교재나 기본교재에서 추리논증 학습을 위한 기초 논리학 및 논증 판단의 핵심내용은 다 제시하고 있다. 그러나 추리논증 학습을 위해 필수적으로 다루어야 할 내용과 문제가 방대한 상황에서 기초 논리학과 논증 관련 내용을 자세하게 설명하기보다는 요약 제시하고 있으므로 강의를 듣는 경우에는 큰 문제가 없을 것이나 강의를 듣지 않고 교재로 학습하는 경우에는 위에 추천한 도서를 참조하면 보다 학습에 도움이 될 것이다.

II. 합격생들의 추리논증 학습 방법

LEET 추리논증은 대다수 학생들에게 쉽지 않은 과목이다. 어려움 속에서도 포기하지 않고 필자를 믿고 따라와 꿈을 이룬 선배 합격자들의 생생한 학습 경험담을 소개한다. '인내는 쓰나, 그 열매는 달다'는 말을 힘들 때마다 되새기며 법조인으로서의 미래에 한걸음 더 다가가기를 진심으로 바란다.

송○진　2012 LEET 전국수석(표준점수 157.6점 / 추리논증 80점), 서울대 로스쿨 합격

"조성우 선생님의 추리논증 강의는 LEET에 있어서 최고의 수험 적합성을 보이는 강의라고 생각합니다. 지난 8월 21일, 떨리는 마음으로 LEET 시험장에서 추리논증 문제지를 펼쳤을 때의 기분을 잊지 못합니다. 문제의 구성이나 풀어나가는 방식 등이 평소 조성우 선생님 강의를 통해 꾸준히 연습했던 문제들과 놀라울 정도로 비슷하게 느껴졌기 때문입니다."

저는 이러한 느낌을 바탕으로 하여 빠른 속도로 자신감 있게 문제를 풀어나갈 수 있었고, 이는 높은 점수라는 결과로 이어졌습니다.

조성우 선생님 강의의 차별화된 장점으로 크게 세 가지를 들 수 있습니다.

첫째, 선생님의 열정입니다. 항상 수험생의 입장에 서서 학생들이 잘 이해하고 있는지, 어떻게 하면 더 효과적인 전달이 될 지 고민하십니다. 수험생들의 시간을 소중하게 생각하여 수업시간 중 단 1분도 허투루 사용하지 않으시고, 개인적인 질문들에도 성실히 답해주십니다. 최선을 다하시는 선생님의 모습에 학생들도 자극받아 더욱 열심히 하게 되는, 긍정의 에너지가 있는 수업입니다.

둘째, 효율적인 수업입니다. 수업 내용과 관련하여 의미 있는 보충 자료들이 적절하게 제공되어 별도로 자료를 찾는 번거로움이 없습니다. 또한, 문제를 푸는 방식에 있어서 다양한 아이디어를 제공해주시기 때문에 문제를 가장 효율적이고 빠르게 해결하는 방법은 무엇인지 체득해나갈 수 있게 됩니다.

셋째, 양질의 문제 제공입니다. LEET가 아직은 시행된 지 얼마 되지 않았기 때문에, 시중에서 양질의 문제를 접하는 것이 생각보다 쉽지 않습니다. 여러 문제집 및 기타 모의고사 문제들과 비교했을 때 조성우 선생님의 문제들이 내용 및 구성에 있어서 가장 적절하다고 생각되었고, 이는 문제풀이에 대한 감각을 키우고 시간 관리 연습을 하는 데에도 큰 도움이 되었습니다.

조성우 선생님의 강의를 들으면서 추리논증에 대한 자신감을 더욱 키울 수 있었고, 좋은 결과까지 얻게 되어 기쁘고 감사합니다. 강사 선택 문제로 고민하시는 분들께 도움이 되었길 바랍니다.

최○○ (서울대)   2014 서울대 로스쿨 합격 (초시)

"저는 조성우 선생님의 추리논증 기본강의부터 파이널 모의고사까지 모든 과정을 차근차근 따라갔고, 그 덕분에 기대 이상의 결과를 얻어 법학전문대학원에 합격했습니다. 조성우 선생님의 수업을 충실하게 들으시는 모든 분들에게 저의 경험이 조금이나마 도움이 되기를 바라는 마음입니다."

1. LEET를 대하는 마음가짐

LEET에 대한 이야기가 정말 많습니다. 입시에 얼마나 반영이 되는지, 공부한 만큼 점수가 오르는 시험인지, 또 작년에 응시자가 몇 명이어서 올해 경쟁률은 얼마가 될 것이다, LEET의 표준점수 몇 점이 GPA 몇 점과 상응하더라, 등 많은 정보들이 여러분의 마음을 떨리게 할 것입니다.

그런데 이러한 이야기들에 흔들릴 필요 없이, 스스로가 정한 목표와 스케줄에 맞게 한 단계씩 앞으로 나아가는 것이 중요합니다. LEET가 입시에 얼마큼 반영되는지는 정확히 알 수 없지만, 분명한 것은 높은 점수가 낮은 점수보다 더 유리할 것이라는 단순한 사실입니다. 공부한 만큼 점수가 오르는지는 사람마다 차이가 있겠지만, 어차피 현 시점에서는 LEET 공부 외에 할 수 있는 일이 많지 않습니다. 그렇다면 자기 자신을 믿고 LEET 공부에 최선을 다해보는 것이 가장 좋은 선택이 될 것입니다.

저는 처음에 LEET 문제를 풀어봤을 때, 평균보다 훨씬 낮은 점수를 받았습니다. 그렇지만 '내 출발선은 이렇게 낮은 수준인데 고득점으로 갈 수 있을까' 하는 고민과 좌절은 하지 않았습니다. 현재 남들보다 부족하다는 상태를 빨리 인정하고, 그 대신 '같은 공부를 할 때 나는 남들보다 새로 배우는 것이 더 많다'고 긍정적으로 생각했습니다.

LEET는 단지 8월에 시험문제를 풀고 끝내버리는 '시험'이 아니라, 공부하고 트레이닝한 만큼 자신의 무기가 되는 '소양'이라고 생각합니다. 그런 마음가짐을 가질 때, LEET 공부를 더욱 수월하게 할 수 있고 기대 이상의 좋은 결과도 나올 것입니다.

2. 학원수업에서 무엇을 얻어갈 것인가?

학원수업을 통해 다음의 3가지만 얻을 수 있다면 성공이라고 생각합니다. 정확하고 체계적인 풀이, 다양한 소재에 대한 친근함, 그리고 문제풀이 전략.

❶ 정확하고 체계적인 풀이

학원수업의 가장 큰 장점은 가장 정석적인, 그리고 가장 검증된 문제풀이를 배울 수 있다는 점입니다. 모든 공부가 그렇듯이, 가장 원론적인 풀이를 충실히 이해하고 암기하고 있어야 그 다음에 풀이 단계를 건너뛰고 시간을 줄일 수 있습니다.

물론 이 장점을 충분히 누리기 위해서는 선생님의 해설을 접하기 전에 스스로 시간을 측정해서 문제를 직접 풀어봐야 합니다. 자신의 힘으로 해본 문제풀이와 선생님의 풀이를 비교하여 자신의 약점을 중점적으로 보완하는 것이 효율적이기 때문입니다. 이렇게 한 번 정확하게 익혀놓은 문제 접근방식과 풀이방법은 문제의 소재나 형태가 바뀌어도, 그리고 실전에서 강력한 힘을 발휘합니다.

"조성우 선생님이 제공하는 풀이는 문제를 정확하게 해부하여 필요한 접근이 무엇인지를 체계적으로 알려줍니다. 그리고 강의가 진행되면서 복잡한 문제일수록 어떻게 효율적으로 접근하는지, 실수하지 않으면서도 어떻게 시간을 줄일 수 있는지를 알려줍니다. 즉, 단순한 수업용 풀이가 아니라 전장에서 실탄이 되어 줄 실전용 풀이를 배울 수 있습니다."

❷ 다양한 소재에 대한 친근함

어느 정도 공부가 진행된 후에 각자가 자신 있는 문제, 그렇지 않은 문제가 보이기 시작합니다. 이 차이는 대부분 그 문제의 소재가 익숙한지 또는 생소한지에 따라 결정됩니다.

이러한 바탕에는 그날그날 수업에서 제공되는 보충자료가 큰 역할을 했습니다. 보충자료는 그냥 신문 읽는 마음으로 챙겨보는 것이 도움이 됐습니다. 소재에 대한 친근함 높이기는 '공부'하려고 하면 금방 지칩니다. '우와, 이런 것도 있었네.' 하며 소재를 눈에 익히기만 해도 점수 상승에 큰 도움이 될 것입니다.

"어떤 소재를 접해도 낯설지 않고 친근하다는 느낌을 갖는 것은 시험 자체에 대한 자신감을 올려줄 뿐만 아니라, 실제로 문제풀이 시간을 굉장히 단축시켜 줍니다.
조성우 선생님의 모의고사 문제는 정말 광범위한 소재를 다루고 시험적중률도 높습니다. 특히 실제 LEET 시험에서 법학 관련 문제들은 그 소재와 유형을 이미 모두 다루었고, 과학 문제는 똑같은 문제를 풀어본 것 같은 착각이 들 정도로 익숙했습니다."

❸ 문제풀이 전략

LEET와 같은 시험은 반복된 훈련이 중요합니다. 학원은 가장 유사한 소재와 유형의 문제들로 유사한 응시환경에서 시험을 연습할 수 있다는 것이 큰 장점입니다. 특히 조성우 선생님의 모의고사 문제는 기출문제를 매우 깊이 연구하여 지문의 구성뿐만 아니라, 선택지 한 문장 한 문장이 기출문제의 원리, 단어, 어순을 고려하여 정교하게 기획되어 있습니다. 게다가 35문제 파이널 모의고사의 경우에는 각 연도별 기출문제를 모델로 하여, 난이도 상중하의 문제가 다양한 시나리오로 배치되어 있습니다. 이를 통해 문제별로 시간관리 하는 연습, 풀어야 할 문제와 풀지 말아야 할 문제의 판단 등을 여러 차례 시행착오를 겪어봐야 합니다.

저는 조성우 선생님이 말씀해주시는 문제풀이 전략을 다양한 방식으로 적용시켜 가면서 저한테 최적인 시간안배와 실수 줄이는 방법을 습관으로 만들어 냈습니다. 결론적으로 가장 우수한 문제로 가장 실제와 같은 시뮬레이션을 할 기회를 충분히 활용하는 것이 중요하다고 생각합니다.

같은 학원수업을 듣는 주변의 수험생들을 보면, 수업 이후에 스터디를 통해 다른 내용을 추가적으로 공부하거나 새로운 문제를 구해서 더 풀어보는 경우들이 있었습니다. 물론 그러한 노력이 잘못되지는 않았습니다. 하지만 욕심을 과도하게 내서 공부량의 목표를 비현실적으로 높게 설정하면 크게 얻는 것 없이 금방 지칠 수 있습니다.

저는 조성우 선생님의 수업시간에 100% 집중해서 내용을 소화하고, 그 이후에 틀린 문제와 찍어서 맞힌 문제를 검토하고, 또 보충자료를 읽는 것만으로도 하루 일과가 벅찼습니다. 그만큼 수업시간에 제공되는 문제와 자료는 방대하고 그 질은 다른 어떤 것보다도 높습니다.

"그렇기 때문에 저처럼 학원의 도움을 받기로 했다면 학원에서 제공해주는 양질의 커리큘럼과 내용을 충분히 이해하고 복습하는 것을 우선 순위에 두기를 권해드립니다. 저는 기출문제와 조성우 선생님 수업만으로 추리논증을 준비했고, 이를 통해 확실한 고득점을 이루었습니다. 불안해하지 말고, 믿고 따라가면 됩니다."

3. 슬럼프와 마인드 컨트롤

저는 LEET라는 시험에 대해 저의 현 상태가 남들보다 낮은 수준에 있다는 것을 빨리 인정하고, 그만큼 남들보다 더 많은 시간을 투자하기로 했습니다. 그래서 추리논증을 11월 기본강의부터 8월 파이널 모의고사까지 차근차근 수강했는데, 준비기간이 길었던 만큼 슬럼프를 피해가기 어려웠습니다.

추리논증 공부가 딱히 진도가 있는 것도 아니고, 암기에 주력해야 할 과목도 아니어서 4~5월에는 많이 지쳐 있었습니다. 학원에서 수업을 듣는 시간 이외에는 공부를 거의 하지 않았고, 모의고사에서도 예전과 다르게 평균 이하의 점수를 받으며 자신감을 많이 잃기도 했습니다. 학원에 일찍 와서 앞자리를 찾아 앉다가도 점점 뒷자리 구석으로 가기도 했습니다.

그러던 어느 날, 조성우 선생님께서 수업시간 첫 30분을 할애하여 시험을 대하는 자세와 슬럼프 극복에 대해 말씀해 주셨습니다. 저의 LEET 수험생활 중 가장 중요한 터닝포인트가 되는 날이었습니다. 여러 조언 중에서 '공부로 안 되는 거 공부로 해결해 봐라', '11월 초의 나를 돌아보며 그동안 성장해온 것을 봐라', '지금부터라도 학습일지를 써봐라', '우리 시험, 너무 쉽게 만만하게 생각하지 말자' 등은 매우 감동적으로 느껴졌습니다. 그 날 이후 저는 11월 처음 추리논증 교재를 펼치던 날의 마음가짐을 되살리고 8월까지 흔들림 없이, 그러나 여유를 잃지 않고 나아갈 수 있었습니다.

LEET는 열심히 공부한다면 슬럼프가 한 번쯤 올 수밖에 없는 시험인 것 같습니다. 미래에 대해 막연한 두려움이 엄습해 오기도 하고, 한 없이 무기력해지는 시기도 올 것입니다. 중요한 점은 그 슬럼프 속에서 어떤 마음가짐으로 빠져나오는가 하는 것입니다. 공부가 잘 되지 않고 힘들 때에는 공부를 아예 손 놓아버리기도 하고, 또는 무리해서 밤새워 공부하기도 하고, 여러 방법을 시도해보는 것이 좋습니다. 그리고 너무 오랜 시간 혼자 괴로워하지 말고, 힘들 때는 주변에 그리고 조성우 선생님께 도움을 요청해보는 것도 좋습니다. 여러분에게도 그 슬럼프가 터닝포인트가 된다면 같은 수업도 예전과 달리 풍성하게 다가올 것이고, 시험에 대한 여유가 생기면서 동시에 훨씬 강한 집중력도 갖게 될 것입니다. 그리고 무엇보다도 LEET라는 시험 덕분에 내가 성장하고 있다고 확신을 갖게 될 것입니다.

읽어주신 모든 분들에게 응원을 보내드리고, 좋은 결과 있기를 바랍니다.

김○○ (숙명여대)   2014 서울대, 연세대 로스쿨 합격 (초시, 퇴사 후 도전)

장○○ (인강 수강생)   2016 LEET 최고 수준의 성적 향상 (백분위 29.7% ⇒ 96.5%, 재시)

박○○ (해외대)   2017 LEET 최고 수준의 성적 향상 (백분위 56.3% ⇒ 99.1%, 재시)

심○○ (한양대)   2018 LEET 서울대 로스쿨 합격 (초시, 재학생, 추리논증 71.7점, 99.4%)

* 위 4명의 합격생의 공부법 수기는 '기초입문 학습전략편'을 참조하시기 바랍니다.

이○○   2019 LEET 서울대 로스쿨 합격 (초시, 재학생, 추리논증 69.5점, 백분위 99.2%)

제가 후기를 쓰고 있는 이 시점에는 아직 로스쿨 입시가 마무리되지 않아 뭐라 말씀드리기에 조심스러운 부분이 있기는 합니다. 그러나 저는 인터넷 강의를 통해 조성우 교수님의 커리큘럼을 따라가며, 추리논증에서 큰 실력 향상을 이뤄낼 수 있었기에 이렇게 수험 후기를 남겨보고자 합니다. 이 수험후기가 2019년 이후에 리트를 준비하는 모든 수험생 여러분께 큰 도움이 되기를 진심으로 바라는 바입니다.

1. 처음 추리논증을 접했을 때의 느낌

사실 저는 어릴 때부터 '법조인이 되겠다'는 꿈 하나만 보고 달려왔습니다. 그래서 고등학교 때부터 법률동아리에 가입하여 법무부 주최 모의재판 대회나 생활법 경시대회에 참가하여 입상하는 등 다양한 경험을 쌓았습니다. 대학에 입학해서는 로스쿨의 꿈을 이루고자 매우 우수한 학점을 유지했습니다. 그 때까지만 해도 저는 우수한 법조인이 될 수 있는 자질을 갖춘 사람이라 믿어 의심치 않았습니다.

그렇게 시간이 흘러 3학년 여름방학을 앞둔 제게 유일한 걱정은 리트 시험 성적이었습니다. 그래서 처음으로 리트 시험에 입문해보고자 2014~2016년도 리트 시험 문제를 풀어보았습니다. 첫 2번은 문제 유형에 적응하는 기간이라 생각하고 멘탈을 붙잡을 수 있었습니다. 그러나 저는 2016년도 추리논증 기출 문제 채점을 하다 결국 문제지를 덮을 수밖에 없었습니다. '리트 시험 성적은 오르지 않는다'는 세간의 평을 감안하면, 그리고 높아진 제 기대를 감안하면 턱없이 부족한 성적이었기 때문이었습니다.

2. 기본적인 학습 방법 및 태도 - '추리는 하는 만큼 나오는 시험이다'

그 때부터 저는 기출문제 풀이를 중단하고 조성우 교수님의 추리논증 기본 강의를 수강했습니다. 학기를 쉬지 않고 계속 다니면서 리트를 준비하다 보니 시간이 없어 인터넷 강의로 수강하였지만, 절대 진도가 밀리지 않도록 최선을 다했습니다. 심화 과정은 제가 개인적으로 PSAT 문제를 풀어보았기 때문에 생략하고, 하프모의고사만 별도로 구매해 풀어보았습니다. 이어서 교수님의 파이널 모의고사까지 수강하였는데, 특히 실전 모의고사는 틀린 문제 뿐 아니라, 헷갈렸거나 개인적으로 좋았다고 생각했던 문제들, 제가 평소에 많이 틀리는 제재들 등을 모아 2~3번 풀어보았습니다. 그 과정에서 제가 항상 잃지 않았던 것은 '이 세상에 오르지 않는 시험은 없다'는 믿음이었습니다. 그래야 본인의 노력이 헛되지 않다는 생각에, 꾸준히 노력하게 될 것이라 생각했습니다. 그리고 저는 시험이 끝난 후 더더욱 그에 대한 확신을 갖게 되었습니다. 솔직히 말씀드리자면, 언어는 공부한 만큼 드라마틱하게 성적이 오르는지에 대해 여전히 의문이 있습니다. 다만, 제가 확실히 말씀드릴 수 있는 것은 '적어도 추리논증은 하는 만큼 나오는 시험'이라는 것입니다. 그 이유는 다음과 같습니다.

❶ 특정 유형 및 패턴의 반복

추리는 올해부터 비중이 크게 높아진 이른바 '법률형 문제'부터 시작하여, 경제학부터 과학기술에 이르기까지 다양한 제재에 대한 이해 및 적용, 논증, 강화-약화 판단, 수리추리 및 논리게임 등 여러 유형들로 구성됩니다. 하지만 그 유형은 몇 가지 핵심적인 패턴에 따라 문제화됩니다. 그리고 실제로 추리논증은 언어이해에 비해 '핵심 유형이나 패턴의 반복'을 쉽게 체감할 수 있기도 합니다. (언어이해의 경우 제시문에 따라 이해도가 크게 달라지기 때문입니다.) 이처럼 '반복되는 유형과 패턴'이 존재하기 때문에 많은 문제를 풀어보면 풀어볼수록, 즉 '시간을 투자하는 만큼' 그에 익숙해지게 됩니다. 그렇기에 '하는 만큼 나온다'고 말씀드릴 수 있는 것입니다.

그리고 제가 조성우 교수님의 강의를 추천드리는 이유 또한 바로 여기에 있습니다. 교수님은 '반복되는 유형이나 패턴'을 기본 강의 때부터 꾸준히 리마인드시켜주시고, 그에 대한 접근법을 가르쳐 주십니다. 그리고 이후 모의고사 과정은 그 원리가 잘 녹아 있는 문제들로 구성되어 있습니다. 사실 기출을 꾸준히 풀고 다시 보면, 교수님의 모의고사 문제들은 어떤 문제를 변형했는지 어렵지 않게 떠올릴 수 있을 정도로 기출 문제와 유사한 패턴을 갖고 있습니다. 그래서 실제 시험장에서 이렇게 나올까 싶은 생각이 들기도 합니다. 그런데 실제 시험장에 가면 '모의고사와 별반 차이가 없다'고 느끼게 됩니다. 그 이유는 제재 적합성이 타 모의고사에 비해 높기 때문이기도 하지만, 무엇보다 '반복되는 원리와 패턴'을 기반으로 기출을 변형하시기 때문입니다. 게다가 오히려 실제 시험에 비해 어려운 난이도와 긴 호흡의 제시문들로 문제가 구성되어 있었기 때문에, 실전의 체감 난이도를 크게 낮춰주는 효과 또한 있었습니다.

'반복되는 핵심'이 존재한다는 사실을 꼭 숙지하시고, 이를 잘 반영하는 좋은 퀄리티의 문제들을 꾸준히 풀어보는 과정을 통해 기본을 탄탄히 다지는 데 주력하십시오. 저는 이것이 고득점으로 가는 가장 중요한 열쇠라 생각합니다. (다만, 저는 수험을 준비하는 과정에서 LEET의 출제 원리와 부합하지 않는 문제들이 시중에 꽤 많이 나와 있다고 느꼈습니다. 광고하는 사람처럼 보일 수도 있어 조심스럽습니다만, 그렇기 때문에 퀄리티가 좋은 교수님의 강의 및 모의고사를 추천 드리는 것입니다.)

❷ 선지 구성 논리의 반복

'선택지'를 꼼꼼히 분석해서 활용했던 것 또한 많은 도움이 되었습니다. 특히 추리논증은 크게 '~할 수 있다'로 대표되는 '개연적 진술'과, '~해야 한다', 혹은 '~한다'로 주어지는 '단정적 진술'로 선지가 구성됩니다. 이 때 개연적 진술은 그에 대해 단 한 가지 가능성만 존재해도 정답이 됩니다. 반대로 단정적 진술은 그 한 가지 가능성이 반례가 되기 때문에, 한 가지 가능성을 찾아낼 경우 바로 오답으로 처리하고 넘어가시면 됩니다. 저는 이 기준을 세워 놓고 기출 문제에 대한 선지를 분석하면서 이를 체화하고자 노력했습니다. 그리고 이는 실제 시험에서 애매한 선지를 '신속하게' 걸러내고 정답을 찾아내는 데 있어 매우 큰 힘이 되었습니다. '단 한 가지 가능성'만 떠올리면 되기 때문입니다.

어찌 보면 단순한 논리라 생각되실 수 있지만, 이러한 선지 구성 논리는 추리논증 뿐 아니라 언어 이해까지 'LEET 시험 전체'의 문제 풀이 과정을 관통하는 핵심이라 생각합니다. 따라서 한 번쯤은 꼭 선지의 특징들에 주목하여 분석해보는 것을 추천 드립니다. 그러나 이를 한두 번 분석해보기만 한다면 시험장에서 적용하기는 쉽지 않을 수 있습니다. 따라서 실전 모의고사 등의 과정을 통해 체화하는 훈련을 해보시는 것이 좋습니다. 본인이 얼마나 많은 선지를 놓고 반복적으로 훈련해봤는지에 따라 선지를 보는 자세가 달라질 것입니다.

3. 시험 전 마지막 2주

물론 제게 추리논증 고득점에 있어서 무엇이 가장 중요하냐고 물으신다면, 앞서 말씀드린 것처럼 '기본'을 강조할 것입니다. 기본강의에서 학습하는 논리구조들을 체화하여, 어떤 제시문을 독해하든 그것들을 하나의 도구로 사용할 수 있도록 하는 것은 추리 고득점의 핵심입니다. 앞서 말씀드린 것처럼 반복되는 유형이나 패턴을 분석하고, 선지를 분석해서 오답을 골라내는 과정 또한 같은 맥락에서 그 중요성이 높습니다. 그러나 저는 기본 못지않게, '마지막 2주에 마무리를 잘해야 한다.'는 것을 정말 강조 드리고 싶습니다.

사실 정말 LEET 시험에 자신이 있거나, 시간이 부족하신 소수의 분들을 제외하고는 대부분 늦어도 2~3월부터는 관련 공부를 시작하십니다. 요새는 Pre-Leet 과정부터 수강하시면서 거의 1년 커리를 밟으시는 분들도 계시는 걸로 알고 있습니다. 본인이 어떠한 커리큘럼을 타고 왔든, 학기가 마무리되고 더위가 시작되는 7월에는 체력적인 부침이 생기기 마련입니다. 그 뿐 아니라 디데이가 얼마 남지 않았다는 부담감도 느껴지기 시작해서 집중력이 떨어지기도 쉽습니다. 그래서 저는 적어도 시험 2주 전부터는, 생활 패턴을 실제 시험에 최적화되도록 맞추라고 조언해드리고자 합니다.

구체적으로 저는 2주 전부터 매일 아침에 스터디원들과 학교 강의실을 대여하여, 모의고사 문제들을 시간에 맞춰 푸는 훈련을 했습니다. 언어와 추리를 실제 시험시간에 맞춰 풀고, 점심식사를 한 뒤에는 문제의 오답을 정리했습니다. 저는 오답노트를 별도로 작성하지는 않았기에 왜 틀렸는지에 대한 이유만 분석하고 넘어갔습니다. 논술은 주말에 가볍게 글을 쓰는 정도로 대체하였고, 대신 집에 가기 전에 헬스장에 들러 꼭 1시간 정도 가볍게 운동을 했습니다. 별 생각 없이 운동을 하면 머리가 좀 맑아지는 느낌이 들기도 했고, 그렇게 해야 밤에 피곤해져서 잡생각 없이 잠을 잘 수 있었기 때문입니다. 저녁 식사를 한 뒤에는, 언어와 추리 기출문제를 한 세트 풀었습니다. 다만 이미 최소 5~6번은 본 문제들이기에, 정답을 맞추기보다 제시문과 선지를 정확히 읽고 분석하는 데 초점을 맞췄습니다.

이렇게 생활을 패턴화해두면 1. 리트 시험 당일에도 평소 하던 것처럼 준비하면 되기 때문에 시험 당일에 마음이 다소 편안해지고, 2. 규칙적인 생활이 습관화되어 일찍 일어날 때 느껴지는 피로감이 덜하게 됩니다. 특히 저는 시험장에서는 잘 긴장하지 않는데, 아침에 일어나는 것이 제일 힘들었습니다. 제 주위에 간혹 저 같은 분들도 계셨는데, 그런 분들의 경우 시험 전날 30분 정도 일찍 일어나시고 카페인과 관련된 일체의 식음료를 드시지 않는 것도 도움이 될 것입니다.

(또한 이 시기에는, 실제 시험장에서 시간이 부족할 때 등과 같이 혹시 모를 위기 상황에 대처하는 매뉴얼도 꼭 만들어 두시길 바랍니다. LEET 시험은 시간이 부족한 경우들이 많기 때문에, 시간이 부족할 때 무슨 문제부터 건드릴지, 안되면 몇 번으로 찍을지라도 고민해두시는 게 시험장에서의

'멘붕'을 방지하는 데 좋습니다. 또 본인이 자신 있는 분야와 자신 없는 분야를 골라내서 버릴 문제들은 과감하게 버리십시오. 마지막으로, 문제를 풀 때 순서대로가 아닌 다른 방식으로 풀겠다고 생각해둔 것이 있으시다면 꼭 적용해보면서 본인에게 맞는 방법인지 테스트해보시길 추천 드립니다.)

4. 기타 - 마인드 컨트롤

앞서 학습 방법에 대한 언급을 주로 드렸는데, 그 외에 제가 꼭 말씀드리고 싶은 것은 '마인드 컨트롤'에 대한 내용입니다. 사실 주변 분들과 얘기해보면, LEET 시험은 '멘탈 싸움'이라는 말을 정말 많이 듣게 됩니다. 실제로 저도 그 부분에 대해 매우 공감합니다. 실제 모의고사 강의 시즌이 되면 매번 문제를 푸는 게 점수로 수치화되기 때문에, 성적이 잘 나오지 않으면 그에 대한 스트레스가 이만저만이 아닙니다. 실제 메가나 법률저널에서 하는 모의고사를 풀러 가도 마찬가지입니다. 특히 학원에서 공부하시는 분들은 주변 분들과의 경쟁도 더해지다 보니 더욱 힘드실 거라 생각됩니다. 안타까운 건 잘 나온 분들도 잘 나온 대로 걱정이 많다는 점입니다. '집리트인데', '모의고사인데'라는 생각에 걱정하시는 분들도 꽤나 계셨고, 저 또한 모의고사 성적이 120점대 초중반을 왔다 갔다 했지만 그런 부분에서 스트레스를 좀 받았던 것 같습니다. 물론 시험장에서는 마인드 컨트롤이 더더욱 중요합니다. 따라서 LEET 시험에서 마인드 컨트롤, 이른바 멘탈 관리는 말 그대로 알파이자 오메가라고 해도 과언이 아닙니다. 다만, 저는 멘탈 관리에 있어서 모든 분들에게 적용될 만한 모범답안은 없다고 생각합니다. 그러나 제 경험을 통해 말씀드리자면, '본인에 대한 자신감을 가지라'는 것과 '나만의 스트레스 풀이법을 찾으라'는 두 가지는 꼭 말씀드리고 싶습니다.

우선 저는 '세상에 내 자신을 믿지 않으면 누굴 믿을 수 있겠나' 하는 생각을 항상 갖고 있습니다. 그래야 힘들 때마다 남에게 기대기보다 제 자신을 믿고 헤쳐 나갈 수 있다고 믿기 때문입니다. 어차피 LEET 시험장에서 OMR카드에 답안을 작성하는 사람은 본인입니다. 그 누구도 도움을 줄 수 없고 오직 자신이 헤쳐 나가야 합니다. 특히 올해 시험처럼 1교시 언어이해가 어려운 경우, 언어에서 '멘붕'이 왔다고 해서 본인에 대한 자신감이 떨어지고, 이로 인해 결국 추리까지 영향을 받는 일은 최악의 결과를 낳을 수 있습니다. 그러려면 불안하더라도 적어도 시험장에서 '난 잘 봤을 것이다'는 맹목적 믿음을 갖고 다음 시험을 준비하시는 게 좋습니다. 물론 이는 시험을 준비하는 과정에서는 매너리즘을 야기할 수 있습니다. 그러니 시험을 준비할 때에는 너무 자신감에 빠지지 않되, 모의고사 성적에 연연하지 마시고 잘 나왔으면 잘 나온 대로, 아쉬운 점수라면 다음에 올리겠다는 마음가짐으로 나 자신을 믿고 끝까지 정진하십시오.

그리고 본인만의 스트레스 풀이법은 꼭 찾으시길 바랍니다. 예를 들어 저는 학교에서 야구동아리 활동을 했었기 때문에 스트레스 받을 때에는 야구를 하기도 했고, 혹은 노래 부르는 것을 좋아해서 혼자 코인노래방에 가서 노래를 부르기도 했고, 아니면 여자친구나 친구들을 만나서 얘기를 하며 풀기도 했습니다. 본인에게 맞는 방법은 다 다르겠지만, 어쨌든 스트레스를 본인 혼자 삭히는 것은 가장 힘들고 위험한 일입니다. 그러니 꼭 본인에게 최적화된 스트레스 풀이법을 찾아서 해결하시는 것을 추천 드립니다. 이는 나중에 로스쿨에서의 힘든 학업 생활에 있어서도 큰 도움이 될 것입니다. 감사합니다.

수험생들의 합격인사 메시지

김○○ (제주대 재학생)   2016 제주대 로스쿨 합격

조성우 선생님 안녕하세요? 올해 1, 2월 기초강의 메가 강남에서 듣고 심화, 파이널은 인강으로 들은 김○○ 학생입니다. 메일주소를 몰라 다짜고짜 문자를 보내게 되었습니다. 죄송합니다. 제주도에서 공부하느라 진단평가를 치지 못한다고 Q&A게시판에 글 남겼었는데 기억하실지 모르겠습니다.

오늘 제주대학교 발표가 있었고 최초합하였습니다. 리트 준비를 하는 내내 너무나 고마워서 언제 한번 고마운 마음을 표현해야지 생각했는데, 어디다 남겨야 할지 몰라 이제야 문자로나마 남깁니다.

처음 리트 풀었을 때 추리논증 10개 맞았습니다. 심지어 한 자리 숫자로 맞은 적도 있었고요. 좌절도 참 많이 했고 이 길이 아닌가 싶었을 때가 많았습니다. 그런데 선생님의 수업을 듣고 이번 추리논증에서 23개를 맞게 되었습니다. 남들에게는 우스운 점수일지 몰라도 저에게는 엄청난 변화였고 선생님에게 가장 고맙다는 생각이 들었습니다. 좋은 강의 정말 고마웠습니다. 앞으로 제주대에서 열심히 공부하여 멋진 법조인이 되겠습니다. 바쁘실텐데 긴 문자 읽어주셔서 감사합니다. 앞으로도 모든 일이 잘 풀리시기를 기원합니다.

서○○ (재시생)   2016 경북대 로스쿨 합격

안녕하세요 조성우 선생님. 수강생이었던 서○○입니다. 제가 올해 경북대에 합격을 했습니다. 올 3월에 선생님께 다시 시작한다고 메시지 드렸는데, 선생님이 주신 답변 제 일기장에 적어놓고 열심히 했습니다. 올해 수업은 시간이 맞지 않아서 듣지 못했지만. 정말 감사한 말이었어요.

(선생님이 주셨던 글)
잘 지냈는지요.
고난의 역설이라고나 할까요?
사람은 실패를 통해 배울 수 없는
소중한 것을 배우게 됩니다.

너무 쉽게 잘 풀린 사람은
정말 소수의 인원을 빼놓고 대부분
인생을 너무 쉽게 생각하다가
나중에 크게 깨지는 경우를
많이 보게 됩니다.
아직 젊은 나이이니
한 번 실패는

커다란 자산으로 작용할 것입니다.
열심히도 했었으니까요.

그래요. 다시 볼 수 있게 되면
다시 한 번 파이팅 하시지요.

지식이 체화되어
자신의 것으로 활용되기까지는
일정 시간이 필요하다는 것을 고려하면
다시 준비할 때는 보이지 않던
여러 가지가 보일 것입니다.

그럼 파이팅 하시길…

└ 힘들 때 마다 선생님 글 읽었어요 정말 감사합니다…. ㅠㅠ
└ (가) (나) 모두 합격을 했는데 경북대로 가게 될 것 같습니다.
└ 용기를 주셔서 감사했습니다. 마음 속 진심으로요…

40세 넘은 수강생 (인강 종합반) 2017 ○○○ 로스쿨 합격

안녕하세요 교수님

전 교수님 강의를 인강 종합반으로 들은 학생입니다. 이번에 원하던 로스쿨에 합격하게 되었습니다. 이 모두가 교수님께서 성심성의껏 가르쳐주신 덕분입니다. 특히 제가 40이 넘은 나이에도 불구하고 이렇게 좋은 결과를 낼 수 있었던 것은 매 강의 때마다 열심히 하라고 힘을 주시던 교수님 말씀 덕분이었습니다. 그런 말씀 주실 때마다 비록 인강이지만 어찌나 힘이 나던지요. 다시 한 번 교수님 가르침에 감사드리며 올 한해도 잘 마무리하시기 바랍니다.

이○○ (인강 수강생)　2018 서강대 로스쿨 합격

선생님 안녕하세요.

2017년 선생님 강의를 인강으로 수강했고 5-6월쯤(?) 신촌 현장 모의고사 참여 후 개별 상담한 학생입니다.ㅎ

그때 너무 불안해서 시험 전날 갑작스레 문자로 상담 가능한지 여쭤 봤었는데, 상담해 주셔서 너무 감사했습니다.

그 후 꾸준히 수강했고 감사하게도 실력이 점차 상승함을 느낄 수 있었습니다.

마지막 파이널 강의를 들을 때는, 제공해 주시던 현강 수강생들 성적 분포표를 기준으로는 거의 늘 최상위권이었고 종종 1등 점수이기도 해서 마음의 안정을 유지할 수 있었습니다. 메가에서 실시한 전국 모의고사도 7월 이후에는 최상위였습니다.

실제 시험에서는 표준점수 64.1을 맞았습니다. 그리고 어제 서강대 로스쿨 합격통지를 받았습니다. 사실 실제 시험 직전 감기 몸살과, 시험 전날 너무 긴장한 탓에 한 숨도 못 잤습니다. 심장소리가 고막이 아플 정도로 크게 들리더라고요. 회사도 관두고 준비한 만큼 절박했던 마음이 한편으로는 좀 독이 된 것 같습니다. (원래 막상 큰 시험에서는 크게 긴장하지 않고 잘 자는 편이라 수면 유도제 같은 것을 사용해 본 경험이 없어서, 그런 상황을 대비하지 못했습니다ㅠ) 그래서 시험 당일에도 손을 덜덜 떨면서 언어를 풀었고, 언어가 끝난 후 만난 스터디원이 왜 이렇게 손을 떨고 있냐며 손을 잡아주기까지 했습니다.ㅠ 완전 육체와 정신이 망가진 느낌이었습니다. (그 덕택에 안정적인 점수를 유지하던 언어에서 표점 51.9라는 충격적인 점수를 맞아버렸습니다ㅠ)

그런 상태에서 추리를 풀기 시작했는데, 정말 다행이게도 선생님께서 잘 훈련시켜주신 덕분에 마음의 안정을 찾기 시작했습니다.

평소와 같이 머리가 차차 돌아가고 눈에 제시문이 붙는 느낌은 없었음에도, 초반 법학지문이 오히려 안정적인 느낌이 들었습니다. 여름쯤 상담 때만 해도 그 10문제가 시간을 너무 잡아먹어서 뒤까지 말리는 것이 큰 고민이었고 주요 상담내용이기도 했는데 말이죠. 정말 감사합니다.

하프모의고사와 파이널을 들으면서 꼼꼼하게 문제를 분석하고 복습했던 과정이 실력상승과 자신감을 주어서, 실제 시험에서 안정감을 되찾는 데 큰 도움이 되었습니다.ㅠ

시간 배분도 정확히 맞추고 뒤까지 시간을 예상대로 쓰면서 마지막 문제까지 모두 풀었습니다.

또 다양한 유형을 연습하고 이에 따라 컨디션에 따라 모의고사 문제풀이 과정을 조절한 파이널 경험이 정말 실제 현장에서도 도움이 많이 되었습니다.

평상시보다 조금 점수가 안 나왔지만, 그런 상황에서 제정신을 좀 찾고 문제를 풀 수 있었던 건 선생님 커리를 따르며 길렀던 실력과 자신감 그리고 익숙함뿐만 아니라, 선생님의 수업 그 자체 덕분이라고도 생각합니다. 가끔은 인강을 듣다가 너무 잔소리(?)가 많으신 건 아닌가 라는 생각이 든 적도 사실은 있습니다.ㅎ 하지만 전 늘 평범함 속에서 우직함을 무기로 자신의 특출남을 개발할 수 있게 하고, 그것이 축적되어 가장 특별하고 단단한 재능이 된다고 말씀해 주시는 것 같았습니다.

그리고 전 선생님의 수업을 들으며 그러한 것들을 축적했던 것 같습니다. 더 크게 무너질 수도 있었는데, 정신을 부여잡고 문제를 풀고 어제 최종 합격까지 할 수 있었습니다. 감사합니다.

전 우선 진학하여 열심히 공부해보려 합니다. 그러다 내년에 가능하다면 리트를 한 번 더 쳐볼 생각이 있기는 합니다.

선생님께서는 벌써 강의를 시작하셨겠지요.

기수강생으로서 저는 올해 초시인 수강생들에게 꼭 추천할 것입니다.(비록 성공한 기수강생은 아닐지라도ㅜ 하지만 처음보다 실력이 매우 상승한 것은 분명한 사실입니다!)

리트는 자신의 최대의 실력을 발휘하기 너무 힘든 시험인데, 그 어떤 상황에서도 무너지지 않는 단단한 최저선을 만드는 것이 리트 수험의 중요한 한 축이라고 생각합니다. 그리고 이를 위해서는 실력과 정신 모두 준비해야 할 것입니다. 저에게 선생님의 강의는 그 단단한 축을 형성하고 상위권의 점수까지 끌어올릴 수 있는 좋은 강의였습니다. 감사합니다.

Ⅲ. 제1회 조성우 추리논증 장학생 (2020 LEET) 성적 및 고득점 학습 Tip

조성우 추리논증 장학금은 2020 LEET에 처음 시행한 제도로, **정규강좌 2개 이상(4개월 강의 분량)을 수강한 수강생을 기본 자격으로 하여** 선정하였습니다.

인강장학생 20명 요약

구분	시상		이름	2020 LEET		2019 LEET	
				백분위	표준점수	백분위	표준점수
고득점자	1등	200만 원	김O재	100.0	90.1	–	–
	2등	100만 원	박O경	99.8	88.0	–	–
	3등	50만 원	정O운	99.6	86.0	–	–
	4등 ~ 18등	10만 원	안O준	99.6	86.0	–	–
			이O다	99.0	84.0	83.2	59.8
			임O영	98.1	82.0	–	–
			이O환	98.1	82.0	66.0	54.9
			이O수	94.3	77.9	–	–
			장O서	94.3	77.9	47.4	50.1
			김O현	94.3	77.9	59.7	53.3
			이O종	91.2	75.9	–	–
			김O선	91.2	75.9	–	–
			송O아	87.5	73.9	–	–
			김O정	83.1	71.8	–	–
			강O민	83.1	71.8	–	–
			오O혁	83.1	71.8	47.4	50.1
			유OO	83.1	71.8	66.0	54.9
			김O하	83.1	71.8	–	–
성적 향상자 2명		50만 원	백O현	83.1	71.8	41.4	48.5
			박O인	72	67.8	6.9	34.0

현강장학생 10명 요약

구분	시상		인원	수상자	백분위 (2020)	백분위 (2019)
고득점자	1등	100만 원	1명	양O희	100.0	–
	2등	50만 원	1명	노O영	99.0	–
	3등	30만 원	1명	유O벽	96.5	–
	4등 ~ 9등	20만 원	6명	류O연	96.5	–
				민O혜	96.5	66.0
				이O우	96.5	91.1
				조O원	96.5	–
				최O화	96.5	–
				박O은	96.5	83.2
성적향상자	1등	100만 원	1명	김O균	83.1	10.9

실강 장학생 간략 후기 **3**가지 질문

❶ 조성우 교수님의 **파이널 강의를 선택한 이유**는?
❷ 현강 **수강 시 좋았던 점**은?
❸ 추리논증 **고득점 학습법**이 있다면?

고득점 1등

양O희

2020 LEET
백분위 100%
표준점수 90.1

서울대 로스쿨 합격

기초(인강) | 기본(인강) | 심화1(인강) | 심화2(인강) | 고득점과정 | 파이널 모의고사 수강

❶ 조성우 교수님의 파이널 강의를 선택한 이유는?

첫째는 교수님께서 오랜 경력과 경험을 바탕으로 LEET시험의 취지와 방향성을 가장 잘 간파하고 있다고 생각했기 때문입니다. 둘째는 꼼꼼함입니다. 교수님께서는 법이나 언어추리 등 다양한 영역에 활용되는 배경지식부터 수리문제나 논리게임 등 정형화된 문제의 풀이법까지 어느 하나 빈틈없이 가르쳐주셨습니다. 셋째는 학생들을 대하는 교수님의 태도입니다. 교수님께서도 매번 방대한 양의 추가자료 준비와 좋지 않은 목상태로 힘드실텐데도 최선을 다하는 모습을 보여주셨고, 본고사 날만을 바라보며 끝까지 함께 달릴 수 있도록 수험생들을 독려해주셨습니다.

❷ 현강 수강 시 좋았던 점은?

먼저 모의고사를 통해 경제·과학·논리학 등 여러 분야의 배경지식을 학습한 것이 제시문을 쉽게 접근하는데 도움이 되었습니다. 또한 교수님께서는 특히 법률문제와 같이 복잡한 문제에서 실수하기 쉬운 내용들을 강조하셨는데, 이로 인해 실수가 잦았던 제가 단 하나의 실수도 하지 않을 수 있었습니다. 마지막으로 매 모의고사에서 교수님의 질 높고 어려운 문제들을 통해 현장에 대한 적응력을 기른 것이 가장 좋았습니다. 제한된 시간 하에 어려운 문제를 풀었던 경험이, 본고사에서 긴장하지 않고 빠르게 문제를 풀어나가는 데 큰 도움이 되었습니다.

❸ 추리논증 고득점 학습법이 있다면?

저는 온라인 질문게시판을 적극 활용하였습니다. 교수님께서 매 강의마다 게시판으로 수강생들의 질문을 취합하여 이를 바탕으로 수업하는 방식은 제 개념의 빈틈을 메우는데 엄청난 도움이 되었습니다. 또한 교수님이 해주신 모든 설명을 토씨 하나 빠지지 않을 정도로 정확하게 기록하여 본고사 전 약 200쪽이 넘는 하나의 파일로 단권화하였습니다. 이는 교

수님께서 가르쳐주신 유형별 풀이법을 완전히 체화시키는 데 결정적인 역할을 하였고, 본고사에서 저도 모르게 익숙한 유형의 풀이법을 쓰고 있는 제 자신을 발견할 수 있었습니다.

김O균

2019 LEET **10.9**%
2020 LEET **83.1**%
➡ 전년대비
　　72.2% 향상

기본강의 | 심화1 | 심화2 | 고득점과정 | 파이널 모의고사 수강

① 조성우 교수님의 파이널 강의를 선택한 이유는?

　2019년도 리트를 준비하면서부터 조성우 선생님 강의를 수강하였는데, 조성우 선생님께서는 수험적합적으로 시험에 필요한 수업만을 해주셨고, 파이널 강의 역시 그러할 것이라 믿어 의심치 않았기 때문에 파이널 강의를 선택하였습니다. 그리고 기본강의부터 하프모의고사까지 성적이 향상되는 것을 저 스스로 경험을 하였기 때문에 파이널 강의를 완벽하게 소화한다면 실제 리트 시험장에서 연습할 때 했던 것처럼 편안하게 풀어나갈 수 있을 것이라고 확신하여 강의를 선택하게 되었습니다.

② 현강 수강 시 좋았던 점은?

　3시간 30분간 수업이 진행되었는데, 약 200명의 수강생들이 듣는 현장에서 저를 긴장하게 만드는 분위기 속에서 긴장을 늦출 수가 없어서 수업에 100% 집중할 수 있었습니다. 또한 집에서 편안하게 인강을 듣는 것보다 현장에서 남들과 경쟁하는 분위기 속에서 더 열심히 수업을 들을 수 있었습니다. 그리고 컴퓨터 화면 속에서 선생님을 보는 것보다 현장에서 아이컨텍트를 하면서 수업에 임할 때에 선생님과 서로 교감하는 것이 더 활발해져 이해력과 응용력이 더 커지는 것 같아서 좋았습니다.

③ 추리논증 고득점 학습법이 있다면?

　저는 기본적으로 기출문제 약 10회분을 6회 돌렸습니다. 기출문제에는 출제자의 원리를 엿볼 수 있기 때문입니다. 그렇지만 기출문제는 한계가 있다보니, 기출문제를 참고하여 만든 완벽하게 유사한 조성우 모의고사를 열심히 풀었습니다. 또한 모의고사에서 틀린 문제를 반복적으로 풀었고, 노트 하나를 구매하여 기출문제와 조성우 모의고사에서 틀린 문제에서 핵심 포인트를 한 문장으로 만들어 약 200문장을 노트에 옮겨 적어서 실제 시험장에서 유의해서 풀 수 있도록 어디를 가든지 그 노트를 가지고 계속 읽었습니다.

인강 장학생 간략 후기 3가지 질문

❶ 조성우 교수님의 **강의를 선택한 이유**는?
❷ 2020 LEET 추리논증 **고득점에 가장 큰 영향을 준 정규 강좌와 그 이유**는?
❸ 나만의 추리논증 과목 **고득점 인강 학습 Tip**은?

김O재

2020 LEET
백분위 100%
표준점수 90.1
서울대 로스쿨 합격

인강 PASS 수강생으로 전 강좌 수강

❶ 조성우 교수님의 강의를 선택한 이유는?

　개인적으로 파이널 강의의 목적은 실제 시험장에서 겪는 긴장감, 혹은 마킹실수 등의 각종 변수를 미리 겪어보고 대비함으로써 점수의 변동을 줄이는 데 있다고 생각했습니다. 특히 기출문제를 여러 번 풀다 보면 문제 자체가 익숙해져서 나중에는 시간이 남으면서도 좋은 점수를 받을 수 있는데, 이 경우 자신의 진짜 실력과 문제점을 파악하기 어려웠습니다. 따라서 기출문제와 출제 원리가 유사한 것을 가장 중요하게 생각하되 난이도는 약간 더 어려운 문제를 찾았고, 조성우 교수님의 파이널 강좌가 이러한 측면에서 가장 적합하다고 느껴 선택했습니다.

❷ 2020 LEET 추리논증 고득점에 가장 큰 영향을 준 정규 강좌와 그 이유는?

　물론 모든 강좌가 각각의 학습 목표를 가지고 있지만, 저는 "기본이론" 강좌의 중요성을 강조하고 싶습니다. 그 이유는 첫째, 기출문제의 유형별 분석을 통해 파트별로 함정을 파는 전형적인 방식, 최근의 출제 변화 양상 등을 익힐 수 있다는 점. 둘째, 논리학의 기초 지식을 적어도 리트에 필요한 만큼은 확실하게 다짐으로써 수험생활 동안 흔들리지 않을 수 있다는 점. 셋째, 거의 모든 기출문제를 다양한 풀이 방법으로 커버하면서 쉬운 문제에 대해서는 확신을, 어렵거나 애매한 문제에 대해서는 유연한 사고를 얻을 수 있다는 점에서 그렇습니다.

❸ 나만의 추리논증 과목 고득점 인강 학습 Tip은?

　우선 사람마다 성향이 다르기 때문에, 자신에게 맞는 학습법을 찾는 것이 가장 중요한 것 같습니다. 저의 경우에는 인강을 들음으로써 꾸준히 감을 유지하고 나태해지지 않을 수 있었습니다. 다만 인강 분량이 상당하다 보니 집중력이 흐트러지기 쉬운 것 같습니다. 특히 맞춘 문제의 해설을 하는 동안에는 아무래도 긴장이 다소 풀어지는데, 의식적으로 집중력을 유지하면서 내가 놓쳤거나 더 생각해볼만한 부분을 찾는 것이 좋습니다. 이외에도 판단 근거를 확신하지 못하는 선지에 대해서는 Q&A 등을 참고해서 의문점을 해소하는 것이 도움이 됐습니다.

고득점 2등

박O경

2020 LEET
백분위 99.8%
표준점수 88

인강 PASS 수강생으로, 기초입문을 비롯한 정규강의 전부와 다수의 특강 수강

1 조성우 교수님의 강의를 선택한 이유는?

주변 선배들과 친구들로부터 추리논증은 조성우 선생님이 가장 잘 가르치신다는 이야기를 들었습니다. 언어이해의 경우에는 친구들마다 듣는 선생님이 달랐지만, 그와 달리 추리논증의 경우 모든 주변인들의 견해가 전원 일치하여 별다른 고민 없이 조성우 선생님의 강의를 신청하게 되었습니다. 실제로 아직 LEET 기출조차 풀어보지 못했던 작년에도 주변 선배들로부터 조성우 선생님 강의는 필수적이라는 조언을 많이 들은 바 있습니다.

2 2020 LEET 추리논증 고득점에 가장 큰 영향을 준 정규 강좌와 그 이유는?

개인적으로 고득점에 가장 큰 영향을 준 강좌는 '추리논증 실전 [고득점 문제풀이]'였다고 생각합니다. 추리논증은 문제 수도 많고 시험 시간도 길어서 1회를 푸는 데 큰 마음다짐을 요구하게 됩니다. 하지만 동 강좌는 일반적으로 문제 수가 절반이어서 부담감 없이 어느 정도 가벼운 마음으로 풀 수 있었습니다. 나아가 LEET 기출과 더불어 PSAT 기출유형 및 다소 어렵게 느껴질 수 있는 삼비직 요소를 적절히 배합한 문제들이 많아서 시간 관리도 하면서 어려운 난이도에도 점진적으로 적응을 할 수 있었습니다.

3 나만의 추리논증 과목 고득점 인강 학습 Tip은?

올해 공부를 시작하기에 앞서 저는 막연한 부담감을 갖고 있었습니다. LEET는 머리 좋은 사람만 잘 본다는 소문이 워낙 많았기 때문입니다. 하지만 조성우 선생님의 강의 및 양질의 모의고사들을 통해 6개월만에 실력이 향상한 것을 느낄 수 있었습니다. LEET 공부는 공부를 한다고 해서 내 성적이 오른다는 확신이 없기에 더 힘든 싸움인 듯합니다. 하지만 내가 올릴 수 있는 성적의 상한은 있을지 몰라도 공부무용론에 빠진다면 그 상한보다도 못한 점수를 받게 됩니다. 그렇기에 자신의 꾸준한 노력에 대한 믿음이 무엇보다 중요하다고 생각됩니다.

고득점 8등

장○서

2020 LEET
백분위 94.3%, 33개
표준점수 77.9

인강 PASS 수강생으로, 기초입문을 비롯한 정규강의 전부와 다수의 특강 수강

❶ 조성우 교수님의 강의를 선택한 이유는?

조성우 교수님의 모의고사는 다른 어떤 모의고사와 비교해도 가장 정교하게 만들어진 문제들로 구성되었다고 익히 들어왔기 때문에 본고사를 위한 준비를 하는데 큰 도움이 될 것이라 믿었습니다. 실제로 조성우 교수님의 파이널 강좌를 열심히 수강한 결과, 본고사를 치루면서 마치 모의고사를 푸는 것과 같은 익숙함을 느낄 수 있었습니다. 저와 같이 시험이라는 긴장감에 취약한 수험생에게는 최고의 선택이 되리라고 생각합니다.

❷ 2020 LEET 추리논증 고득점에 가장 큰 영향을 준 정규 강좌와 그 이유는?

저는 조성우 교수님의 전 강좌를 수강하였기에 그 시너지가 좋은 결과를 냈다고 생각합니다. 그럼에도 하나의 강의를 꼽아야 한다면 파이널 강좌를 말하고 싶습니다. 파이널 강의를 통해 제한된 시간 내에 기존에 학습한 이론들을 빠르게 적용하는 법이나 익숙치 않은 신유형의 문제를 두고 올바른 판단을 내리는 법 등의 실전 감각을 기르는데 큰 도움을 받을 수 있었습니다. 또한 실제 시험을 운영하는데 있어 제가 반복적으로 하게 되는 실수나 습관 등을 교정할 수 있었고 그 결과 본 시험에서 큰 무리없이 좋은 성적을 얻을 수 있었습니다.

❸ 나만의 추리논증 과목 고득점 인강 학습 Tip은?

조성우 교수님께서 늘 강조하시지만 가장 중요한 것은 복습입니다. 복습은 단순히 학습 차원을 넘어서 수험생 개인에게 자신감을 불어넣어주는 아주 중요한 요소 중 하나이기도 합니다. 시험 직전 본인이 자주하는 실수나 항상 헷갈렸던 개념, 그리고 시험 과정에서 발생할 수 있는 여러 시나리오와 그에 따른 대응 방식에 대해 정리를 해두고 이를 반복해서 본다면 시험을 운영하는 방식이 더 정교해질 것입니다. 리트 시험은 한 문제가 매우 중요한 차이를 만듭니다. 더 정교하고 꼼꼼하게 공부하고자 하는 태도가 차이를 만든다는 것을 잊지 말았으면 합니다.

추리논증 공부법

2020 LEET 추리논증 백분위 100 % 학생의 공부방법

양○○ (서울대 로스쿨 합격)

안녕하세요, 저는 2020학년도 LEET 추리논증에서 백분위 100의 점수를 받은 학생입니다. 인강 및 현강을 통해 교수님의 커리큘럼을 따라온 결과 좋은 성적을 낼 수 있었기에, 2021 LEET 수험생 여러분께 공부방법 및 강의활용 팁을 공유하고자 이렇게 글을 쓰게 되었습니다. 저는 기초부터 파이널까지의 과정에서 조성우 교수님의 교재와 강의를 통해 배운 내용을 빠짐없이 정리해서 완벽히 소화해내기 위해 노력했고, 제가 공부해온 방법은 다음과 같습니다.

〈기초, 기본〉

저는 기본과정을 먼저 들은 후, 기본을 복습하면서 기초과정을 들은 케이스였습니다. 처음에는 기초과정은 굳이 필요하지 않을 것 같아서 수강하지 않았지만, 오히려 개념을 다지고 나니 유사한 유형에 해당 개념들이 어떻게 응용되는지 보충학습이 필요하다고 생각되어 수강을 하였습니다. 저는 기본과 기초를 하나의 개념서로 합쳐서 단권화하는 작업에 집중했습니다. 두 과정이 기본적으로는 단원이나 개념구성이 유사하기 때문에, 한 단원의 개념을 워드로 정리한 후, 각 책에서 헷갈렸던 문제의 주요 풀이tip을 해당 단원 내에 함께 배치하는 식으로 합치는 작업을 했습니다.

예시

> **1. 형식적 추리 (명제/술어)**
>
> - A ↔ B (동치) : A면 B고 ~A면 ~B다 / A와 B의 진리값이 같을 때만 참 (T, T or F, F)
> - B → A : B가 발생했다면 (후) A가 발생했었을 것 (선) / B가 발생하기 위해 (후) A가 필요 (선)
>   = ~A → ~B : A가 발생하지 않았더라면 (선)B가 발생하지 않았을 것 (후)
> - 배중률 : 어떤 명제나 참이든 거짓이든 둘 중 하나 p∨~p
> - 선언지 첨가법 : P → P∨Q / - 단순화 : P&Q → P / - 흡수규칙 : P→Q 라면 P→P&Q
> - 분배법칙 : p&(q∨r) = (p&q)∨(p&r) / (p&q)∨r = (p∨q)&(p∨r) 앞에서 묶든 뒤에서 묶든 똑같이 분배
> - "(B∨C) → (D&E) / D → ~E / ∴ ~B" : 간접증명, 결론의 부정이 전제의 참과 양립 가능한지 볼 것 (거짓 가능성 검토)
>   → 결론 부정하면 B, 첫 전제의 전건 성립하므로 D&E, 따라서 두 번째 전제 성립 × = 거짓 불가, 따라서 타당!
> - 결론(선지) 거짓가능성 검토 (전제 참&결론 거짓), 모순 = 반드시 참/참 가능성 검토, 모순=반드시 거짓
>   → 어떻게 가정하든 '모순'이 나와야 참 or 거짓이 확정. 모순이 아니라면 그냥 가능성 있다는 것뿐 확정 ×
> - 진리값 판단. ex) A(F), B(F)일 때 ~A = (B→A)라면
>   T F ⟨T⟩ F T F
> - K=L vs. K&~L 양립가능성 : 서로 T→F 이므로 양립가능 x
>   T F F   T T T F (T 가정하면 ㉮) = 하나를 T로 가정하면 다른 하나는 반드시 F = **'양립 불가능'**
>   T T T   T F F T (T 가정하면 ㉮)
>   → 항상 경우의 수가 적은 쪽부터 먼저! K=L을 T로 가정하려면 TT, FF 로 나누어야 하지만
>   K&~L을 T로 가정하려면 K는 T, L은 F 한 경우만 있으면 되므로 이것부터 가정

이렇게 단원별로 기억해야 할 내용을 단권화하는 작업은 본시험 직전까지 큰 힘이 되었습니다. 헷갈렸던 내용을 마지막까지 확인할 수 있을 뿐만 아니라, 머릿속에 '섹션'을 나누어 이 개념이 어떤 경우에 이용되는 것인지를 정확히 인지할 수 있었기 때문입니다. 또한 기초에서 배운 내용과 기본에서 배운 내용을 서로 연계하면서 스스로 심화적인 학습을 할 수도 있었습니다.

〈심화〉

기초와 기본을 통해 하나의 개념지도가 완성되었다면, 심화과정은 주로 개념이 어떻게 활용되는지의 방법을 익히는 과정이었습니다. 심화과정에서 배운 것 역시 책+강의내용+제 풀이를 모두 합치는 작업을 했는데, 이번에는 개념보다도 교수님께서 가르쳐주신 tip 위주로 정리를 하였습니다.

예시

- a와 b 중 하나에만 해당 (a ↔ ~b) : b는 '~a'로 기호화 ex) 남=~여 / 두 부서만 있을 때 B=~A
- (P∨Q) & (~P∨~Q) : 이거나 이고 아니거나 아니고
  = P ↔ ~Q : 둘 중 하나만 '모순' 관계 (배타적 선택, 양립불가, 동시부정 불가)
- '둘 중 하나'라 하면 배타적인지 포괄적인지 선언의 성격부터 확인 (ex.한 가지 감염방식만 가능)
- 모순 : T→F만 보면 안됨, F→T 인지도 꼭 확인
- 전칭부정 & 사이비특칭긍정 : 동시 T 불가, 동시 F 가능 (다른 특칭이 긍정될 때) : 모순 아님!!!
- ~수 있는 = 가능성 : 소거법 활용(아닌 것 배제), 두세 개로 추리면 대입해서 되는 것 선택
- 문제에서 확정정보 안줄 때 : a.조건간 관계로 확정적 정보 도출 (ex.P→모순, 따라서 '~P' 확정)

제가 이렇게 하나의 파일로 배운 내용을 재구성하는 작업을 강조하는 이유는 하나입니다. 3,4월에 아무리 열심히 공부해봤자 그것을 시험장에서 '써먹지' 못하면 아무 의미가 없기 때문입니다. 교수님께서 알려주신 세세한 내용까지도 빠짐없이 기록한 후, 이를 나만의 개념서로 만들어서 시험장에 들어가기 직전까지 무한반복을 하는 것이 시험장에서 수많은 팁과 방법들을 '끄집어내' 사용할 수 있는 최적의 방법입니다.

〈모의고사(고득점&파이널)〉

심화과정까지는 인강으로 들은 후, 실전감각을 위해 고득점 및 파이널 과정을 현강으로 수강했습니다. 이는 실제로 현장감을 익히고 긴장을 덜어내는데 큰 도움이 되었습니다.

1. 시간 관리와 막힌 문제 넘어가기

특히 '시간 관리' 측면에서 어떻게 시간을 분배해야 하는지, 특정 문제에서 막혔을 때 어떤 식으로 대처해야 하는지 등 실질적인 훈련이 되었습니다. 교수님께서는 막혔을 때 해당 문제에서 말리지 않고 자신이 분배한 시간에 따라 빨리빨리 넘어갈 수 있어야 한다고 강조하셨는데, 이는 엄청난

결단력을 필요로 하므로 많은 연습을 해야 합니다. 끊고 넘어가도 '괜찮다'는 것을 결과로 확인을 해야만 실전에서도 이를 행동에 옮길 수 있기 때문입니다. 저도 실전에서 중간에 막힌 문제가 있었지만, 늘 해온 대로 침착하게 마지막까지 풀어나간 후 다시 앞으로 돌아왔기에 좋은 점수를 받을 수 있었습니다.

2. 실수

저는 모의고사에서 실수를 정말 많이 했습니다. 추리는 조금만 집중이 흐트러져있으면 실수들이 꼬리에 꼬리를 물면서 줄줄이 오답이 나기 쉬운데, 시험 전에 긴장과 부담 속에서 고도의 집중력을 끌어내기가 어렵기 때문입니다. 하지만 조성우 교수님의 모의고사는 학생들이 실수하기 쉬운 포인트들을 의도적으로 삽입하여 직접 '틀리면서 배우도록' 하는 형태로 출제되었습니다. 따라서 저는 제가 실수하는 지점들을 모두 모아서 써보며 오히려 주의점들을 곱씹게 되었고, 기적적으로 본고사에서는 단 하나의 실수를 하지 않게 되었습니다.

3. 난이도

조성우 교수님의 모의고사는 장담컨대 다른 교수님들의 모의고사보다 확실히 체감난이도가 높은 편입니다. 그 이유는 기본적으로 1) 지문길이가 길어서 시간 내에 다 풀어내는 것이 어렵고 2) 긴 지문 곳곳에 풀이에 필요한 정보가 산재해있어서 이를 빠르게 잡아내는 것이 어렵기 때문입니다. 따라서 이에 부담을 느끼는 수험생들도 있는데, 저는 오히려 이러한 형식의 문제구성이 실전에 정말 큰 도움이 되었다고 생각합니다. 모의고사에서 그냥 지나갔다가 놓쳤던 문제 속 실마리와 정보들이 많았기에, 실전에서는 최대한 예민하게 모든 정보를 잡아내려는 태도로 임하게 되었습니다. 또한 비교적 긴 지문을 빠르게 읽어나가는 풀이에 매우 익숙해져 있었기에, 실제로 길이가 길었던 본고사에서도 익숙한 풀이가 가능했습니다.

4. 단권화 방식

저는 고득점부터 파이널까지의 모든 모의고사 문제에서 실전에 활용할 만한 풀이법을 뽑아내 이 역시도 단권화 작업을 시행하였습니다.

실제로 문제를 오려붙여서 오답노트를 하는 경우도 많은데, 저는 시간을 최대한 단축하기 위해 노트북 웹캠으로 시험지를 찍은 뒤 워드에 바로 붙여넣고 옆에 풀이법을 적는 방식으로 작업하였습니다. 아래 예시와 같이 문제 자체를 첨부한 경우도 있지만, 많은 경우 문제 자체보다는 그것에 활용된 개념만 뽑아내서 적는 방법도 많이 사용했습니다.

또한 모의고사 문제는 다양한 학문영역에서 출제되기 때문에 배경지식을 쌓기에도 매우 좋았는데, 저는 문제의 내용을 배경지식 쌓기 차원에서 학습할 뿐 아니라 인터넷에서 관련 내용을 찾아 이 자료들까지도 함께 단권화시켰습니다. 덕분에 실전에서 생소한 과학 영역의 문제를 맞닥뜨렸을 때도 충분히 익숙해진 상태로 당황하지 않을 수 있었습니다.

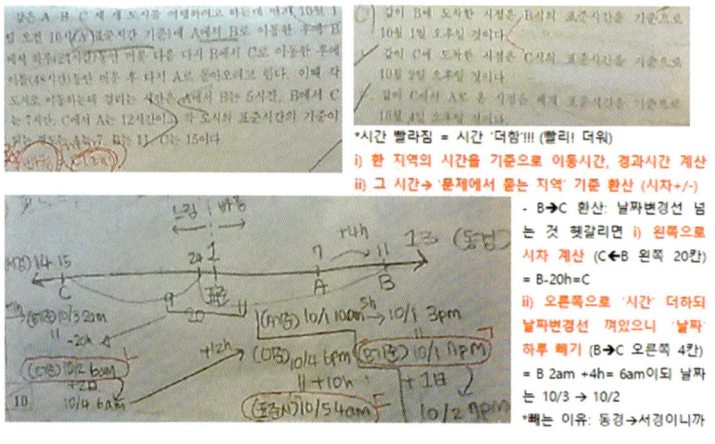

⟨마지막으로 드리고 싶은 말⟩

저도 시험공부를 하면서 여러 번 슬럼프를 겪고 좌절도 했지만, 현강에 갈 때마다 조성우 교수님께서 힘을 실어주시는 말씀을 가슴 속에 되새기며 끝까지 긍정적인 마인드를 잃지 않았습니다. 심지어 시험 2주 전에 멘탈이 흔들려서 최악의 모의고사 점수가 나오기도 했지만, '오늘 틀린 이유를 전부 기억해서 실전에서는 무조건 맞춘다'는 마인드를 유지하려고 굉장히 노력했습니다. 또한 메모지에 원하는 점수 목표치를 써서 책상 앞에 붙여놓고 이를 마음 속에 끊임없이 되새겼고, 실제로 본고사에서 목표치를 달성했습니다. 놀라운 점은, 저는 시험준비기간 동안 단 한 번도 받아본 적 없는 최고의 점수를 본고사에서 받았다는 것입니다. 저는 시험에 응할 때 전문가가 공급해주는 정제된 지식과 방법론을 받아들이고, 이를 나만의 방식으로 소화해내되 그 방식에 대한 신념과 확신을 갖는 것이 매우 중요하다고 생각합니다. 주위에서 무엇을 더 푼다, 얼마만큼 더 공부한다, 모의고사에서 몇 등을 했다 등의 말에 흔들리지 말고 묵묵히 스스로를 믿은 채 끝까지 자신의 길을 걸어 나가시길 바랍니다. 그 끝에는 '반드시' 좋은 결과가 있을 것입니다.

IV. 제2회 조성우 추리논증 장학생 (2021 LEET) 성적 및 고득점 학습 Tip

조성우 추리논증 장학금은 2020 LEET에 처음 시행한 제도로, **정규강좌 2개 이상(4개월 강의 분량)을 수강한 수강생을 기본 자격으로 하여 선정**하였습니다.

이번 2021 LEET에서는, 현강 성적우수자(11명), 인강 성적우수자(16명), 성적향상자(실강4명, 인강2명), 수강자격요건부족 성적우수자(14명) 총 47명의 성적우수 장학생을 선정하였습니다. 올해의 경우에도, 백분위 100% 수강생이 현강에서 배출되었습니다.

현강 장학생

구분	시상	이름	2021 LEET 백분위	2021 LEET 표준점수	2020 LEET 백분위	2020 LEET 표준점수
1등	100만 원	김O경	100.0	94.5	–	–
2등	50만 원	류O현	99.9	92.5	–	–
3등	30만 원	반O진	98.9	86.4	–	–
고득점자 4등~11등	20만 원	인O성	98.2	84.4	–	–
		최O석	97.2	82.4	77.8	69.8
		이O현	97.2	82.4	–	–
		김O선	97.2	82.4	91.2	–
		정O비	97.2	82.4	46.8	59.7
		최O진	95.6	80.4	53.1	–
		원O희	95.6	80.4	53.1	–
		김O은	95.6	80.4	–	–

인강 장학생

구분	시상	이름	2021 LEET 백분위	2021 LEET 표준점수	2020 LEET 백분위	2020 LEET 표준점수
1등	200만 원	변O주	99.4	88.5	–	–
2등	100만 원	조O준	95.6	80.4	59.6	63.8
3등	50만 원	김O라	93.5	78.4	–	–
고득점자 4등~16등	10만 원	배O준	93.5	78.4	77.0	69.8
		정O민	90.9	76.4	–	–
		양O영	90.9	76.4	–	–
		박O정	90.9	76.4	–	–
		김O은	87.0	74.4	59.6	63.8
		권O	87.0	74.4	65.0	65.8
		이O린	83.7	72.4	46.8	59.7
		성O환	83.7	72.4	46.8	59.7
		신O준	83.7	72.4	–	–
		배O현	83.7	72.4	–	–
		최O현	79.4	70.4	29.2	53.6
		이O훈	79.4	70.4	–	–
		이O우	74.5	68.3	12.5	45.5

성적 향상 장학생

구분	시상	이름	2021 LEET 백분위	2020 LEET 백분위	전년대비 향상 백분위
현강	1등 100만 원	손O윤	90.9	12.5	78.4
현강	2등~4등 20만 원	박O렬	87.6	24.5	63.1
현강	2등~4등 20만 원	최O찬	93.5	34.6	58.9
현강	2등~4등 20만 원	권O영	87.6	29.2	58.4
인강	1등 50만 원	박O호	87.6	24.5	63.1
인강	2등 50만 원	박O주	90.9	40.6	50.3

결격사유 성적 우수생

구분	시상	이름	2021 LEET 백분위	2021 LEET 표준점수	2020 LEET 백분위	2020 LEET 표준점수
고득점자	1등 20만 원	김O헌	99.4	88.5	–	–
고득점자	2등~14등 10만 원	황O인	98.9	86.4	–	–
고득점자	2등~14등 10만 원	홍O연	98.9	86.4	–	–
고득점자	2등~14등 10만 원	강O림	98.2	84.4	–	–
고득점자	2등~14등 10만 원	임O서	98.2	84.4	–	–
고득점자	2등~14등 10만 원	여O정	98.2	84.4	–	–
고득점자	2등~14등 10만 원	정O람	98.2	84.4	–	–
고득점자	2등~14등 10만 원	윤O선	97.2	82.4	–	–
고득점자	2등~14등 10만 원	우O림	97.2	82.4	–	–
고득점자	2등~14등 10만 원	김O우	95.6	80.4	–	–
고득점자	2등~14등 10만 원	권O민	95.6	80.4	–	–
고득점자	2등~14등 10만 원	강O성	95.6	80.4	–	–
고득점자	2등~14등 10만 원	송O정	95.6	80.4	–	–
고득점자	2등~14등 10만 원	한O석	93.5	78.4	–	–

실강 장학생 간략 후기 **3**가지 질문

❶ 조성우 교수님의 **파이널 강의를 선택한 이유**는?
❷ 현강 **수강 시 좋았던 점**은?
❸ 추리논증 **고득점 학습법**이 있다면?

김O경

2021 LEET
백분위 100%
표준점수 94.5
서울대 로스쿨 합격

❶ 조성우 교수님의 파이널 강의를 선택한 이유는?

첫째는 교수님께서 오랜 경력과 경험을 바탕으로 LEET시험의 취지와 방향성을 가장 잘 간파하고 있다고 생각했기 때문입니다. 둘째는 꼼꼼함입니다. 교수님께서는 법이나 언어추리 등 다양한 영역에 활용되는 배경지식부터 수리문제나 논리게임 등 정형화된 문제의 풀이법까지 어느 하나 빈틈없이 가르쳐주셨습니다. 셋째는 학생들을 대하는 교수님의 태도입니다. 교수님께서도 매번 방대한 양의 추가자료 준비와 좋지 않은 목상태로 힘드실텐데도 최선을 다하는 모습을 보여주셨고, 본고사 날만을 바라보며 끝까지 함께 달릴 수 있도록 수험생들을 독려해주셨습니다.

❷ 현강 수강 시 좋았던 점은?

리트는 당일 컨디션이 매우 중요한 시험인 만큼 긴장하지 않고 시험에 임하는 것이 중요하다고 생각합니다. 현강은 실전과 같이 모의고사를 칠 수 있는 환경이 마련되어 있었는데, 이렇게 실전과 동일 시간대에, 많은 사람들과 같은 장소에서 모의고사를 치는 훈련을 여러 차례 반복함으로써 긴장감을 극복할 수 있는 루틴을 만들 수 있었던 것이 큰 도움이 되었습니다. 또한 인강과 다르게 좀 더 집중할 수 있는 환경에서 해설 강의를 수강할 수 있었던 것도 장점이라고 생각합니다.

❸ 추리논증 고득점 학습법이 있다면?

자신에게 적합한 풀이법을 만들고 이를 적용해 보는 연습을 반복하는 것이 가장 중요하다고 생각합니다. 먼저 스스로의 힘으로 문제 출제 패턴, 정답의 근거 등을 찾아 정리하는 과정을 거친 후, 인강이나 현강 수강, 혹은 스터디를 통해 자신이 잘못 파악한 논리 구조를 발견하고 수정하는 과정을 거쳐 하나의 완성된 풀이집을 만드는 데 집중하는 것을 추천합니다. 이렇게 만든 풀이법을 모의고사나 시험 직전 반복해서 읽고, 실제 문제 풀이에서 적용해 보는 방식으로 훈련했기에 실전에서도 망설임 없이 정답을 골라나갈 수 있었다고 생각합니다.

손O윤

2020 LEET **12.5%**
2021 LEET **90.9%**

➡ 전년대비
78.4% 향상

① 조성우 교수님의 파이널 강의를 선택한 이유는?

저는 2020년 리트당시 추리논증의 성적이 좋지 않아 기초반부터 막연하게 주변 사람들의 추천과 1타 강사라는 신뢰감으로 처음에는 선택했었습니다. 그러나 기초반 첫 수업을 들을 때부터 제가 몰랐던 것이 많았다는 걸 깨닫고 금방 수업에 집중하게 되었습니다. 그렇게 기초, 기본, 심화를 들으면서 작년에는 몰랐던 것을 채워갈 수 있게 되었고 그것에 연장선으로써 조성우 교수님의 파이널까지 들으며 마무리하고 싶었기에 선택하였습니다.

② 현강 수강 시 좋았던 점은?

현강 수강 시에 좋았던 것은 아무래도 분위기랑 강제력 같습니다. 수업에 들어가면 다들 인생을 걸고 로스쿨 입시에 임하고 있기 때문에 몇몇의 불성실해 보이는 사람들을 제외하고는 다들 수업에 집중하고 자리도 일찍 가지 않으면 모자를 정도였습니다. 그런 분위기에서 저도 동기부여를 얻을 수 있었습니다. 또 학원에 가지 않으면 문제를 리트시험처럼 푸는 것이 개인적으로 어려웠기 때문에 그런 면에서도 리트 시험 시간에 맞춰서 풀 수 있었던 것이 좋았었던 것 같습니다.

③ 추리논증 고득점 학습법이 있다면?

따로 무언가를 더한 것은 없었고 거의 대부분은 수업에 집중하고 수업에서 풀고 틀린 것을 다시 풀릴 때까지 붙잡고 늘어졌던 것 같습니다. 파이널 당시에 저는 기출은 2번째를 보기 시작했었는데 그때 처음 기출 오답을 했었습니다. 답이 기억나는지라 오답을 할 때 이것이 왜 답이 되고 이것은 왜 틀리는가를 중점으로 보면서 오답을 했었고 파이널 문제까지는 따로 오답노트를 만들 시간이 나지 않아 푼 당일에 문제지만을 가지고 기출 오답하듯이 다시 풀었었습니다. 그리고 스터디는 제가 생각한 것을 다시 확인하는 용도로 하여 활용했던 것 같습니다.

인강 장학생 간략 후기 3가지 질문

❶ 조성우 교수님의 **강의를 선택한 이유**는?
❷ 2021 LEET 추리논증 **고득점에 가장 큰 영향을 준 정규강좌와 그 이유**는?
❸ 나만의 추리논증 과목 **고득점 인강 학습 Tip**은?

변O주

2021 LEET
백분위 99.4%
표준점수 88.5

❶ 조성우 교수님의 강의를 선택한 이유는?

   조성우 교수님의 수업을 듣고 높은 성적을 받은 수강생이 많아서, 교수님의 수업 안에 고득점을 위한 내용들이 전부 포함되어 있으므로 스스로의 노력만 따라준다면 본인도 높은 성적을 거둘 수 있을 것 같다는 생각이 들어 이 강의를 선택하게 되었습니다. 또한 강의가 기출, PSAT, 자체 모의고사 등 여러 강좌로 세분화되어 있어서 강의를 소화하는 것만으로도 공부량이 많을 것이라고 예상했습니다.

❷ 2021 LEET 추리논증 고득점에 가장 큰 영향을 준 정규강좌와 그 이유는?

   고득점 모의고사와 파이널 모의고사라고 생각합니다. 기본과 심화 강의를 들을 때는 사실 기출 분석도 완료되지 않은 상태였고, PSAT은 유형이 다소 다르다보니 강좌를 들으면서 스스로가 헤매는 느낌이 있었으나 교수님의 기출 변형 문제들과 자체제작 문제들을 풀다보니 LEET 추리논증에서 요구하는 사고방식에 대해 감을 잡을 수 있었고 점수가 안정적으로 나오기 시작했습니다. 특히 모의고사 강좌를 통해 실제 시험처럼 한정된 시간 내에 여러 문항을 소화하면서 시험운용력까지 기를 수 있었습니다.

❸ 나만의 추리논증 과목 고득점 인강 학습 Tip은?

   PSAT이나 M/DEET 등 유사한 유형을 포함해서 문제를 많이 푸는 것도 좋지만, 기출을 3회독 이상 하고 완벽히 소화하기 전까지는 굳이 그럴 필요가 없다고 생각합니다. 무엇보다 중요한 것은 문제의 의도를 파악하고 문제에서 요구하는 논리적 흐름을 알아내는 것입니다. 문제의 의도를 파악하는 연습을 하다 보니 낯선 문제에도 긴장하는 일이 줄어들었고, 그와 반비례해서 정답률은 올라갔습니다. 물론 이 과정이 혼자만의 힘으로 이뤄지긴 힘들었으므로, 인강에서 알려주는 논리적 사고 기술을 통해 자신만의 실력을 배양했고, 좋은 성과를 거뒀습니다.

조성우
추리논증

성적향상 1등

박○호

2020 LEET **24.5%**
2021 LEET **87.6%**

➡ 전년대비
63.1% 향상

① 조성우 교수님의 강의를 선택한 이유는?

　조성우 교수님께서 오랜 시간 동안 추리논증 영역에서 최고의 자리를 지켜온 것에는 분명히 그럴만한 이유가 있을 것이라고 생각했습니다. 또한 주변에서 조성우 교수님의 강의를 통하여 점수가 매우 높은 수준으로 향상된 선배를 봤기 때문에 더욱 신뢰할 수 있었습니다. 탄탄한 강의 구성과 보충자료들, 특히 우수한 양질의 모의고사는 조성우 교수님을 선택한 것을 후회하지 않게 해주었습니다. 작년(2020학년도)에 낮은 점수를 받아 어떻게 다시 준비를 시작해야할지 막막했으나, 커리큘럼을 하나씩 따라가며 실력이 향상되어 감을 느낄 수 있었습니다.

② 2021 LEET 추리논증 고득점에 가장 큰 영향을 준 정규강좌와 그 이유는?

　고득점에 가장 큰 영향을 준 정규 강좌는 [기초입문]과 [고득점 half 모의고사, 고득점 모의고사, 파이널 모의고사] 였다고 생각합니다. 기초입문은 기본base가 부족한 저에게 많은 도움을 주었습니다. "이론적으로" [기본이론]에서 제공되는 설명보다 더 자세하고 질적인 설명이 제공되는 부분이 있었고, 기초입문을 수강한 후 기본이론을 수강했을 때, 비로소 문제들에 내포된 의미를 깨달을 수 있었습니다. 또한 조성우 교수님의 [모의고사]는 단언 최고라고 말할 수 있습니다. 양적으로나 질적으로나, 그 어떤 모의고사보다 큰 도움이 됐습니다.

③ 나만의 추리논증 과목 고득점 인강 학습 Tip은?

　최대한 실강(현강)시간과 비슷한 시간대에 맞춰 공부했던 것이 시간관리에 큰 도움이 됐습니다. 추리논증뿐 아니라 언어이해 역시 실강 시간대에 맞춰서 공부했습니다. 이는 인강에 더욱 집중할 수 있게 만들어 주고, 강의를 밀리지 않고 수강할 수 있습니다. 저는 신촌캠퍼스 시간에 맞춰 오전에 강의를 모두 듣는 것을 목표로 하여, 매일 오후 충분한 개인공부 시간을 확보할 수 있었습니다. 오후에는 복습, 예습, 교수님께서 제공해주시는 보충자료 읽기, LEET 추천도서 등을 공부하였습니다.

> 추리논증 공부법

2021 LEET 최고수준의 성적향상 (백분위 40.6% ⇒ 90.9%) 학생의 공부방법

박 ○ ○ (이화여자대학교)

안녕하세요. 저는 2021학년도 법학적성시험 추리논증에서 백분위 90.9%, 전년 대비 백분위 50.3%의 성적 향상을 거둔 학생입니다. 그 덕분에 이번 법학적성시험 표준점수에서 총 25점의 성적 향상을 얻을 수 있었습니다.

우선, 제가 이 글을 쓰는 가장 중요한 이유는 '노력에는 반드시 성취가 있을 것'이라는 말씀을 드리기 위함입니다. 특히, 리트는 적성시험이기 때문에 노력해도 점수가 오르지 않을 것이라는 말, 컨디션이 중요한 시험이기 때문에 당일 운이 중요하다는 말로 인해 자신감이 하락하신 시험을 다시 준비하는 수험생들께 도움이 될 수 있었으면 좋겠습니다.

사실 저는 올해 2021학년도 LEET까지 총 3번의 법학적성시험에 응시했습니다. 우선 성적 추이를 말씀드리자면, 첫 시험에서 115점을 받은 후 두 번째 시험에서 100점 초반의 점수를 받았습니다. 초시 때보다도 하락한 점수로 인해 자신감이 많이 하락한 상태였지만, 마지막으로 최선을 해보자라는 생각으로 시험을 준비했습니다. 그리고 이 과정에서 제 스스로의 문제점을 분석하는 과정에서, 적성시험이 시간만 투자한다고 되는 것이 아니라 올바른 공부 방법을 찾고 시험에 맞는 사고과정을 정립하는 것이 중요하다고 느꼈습니다. 이에, 제가 가장 먼저 선택한 것이 조성우 교수님의 강의였습니다.

입시를 마무리하는 현 시점에서 지난 1년을 되돌아봤을 때, 더이상 열심히 할 수 없을 정도로 후회없이 최선을 다해 노력했다고 생각합니다. 그리고 그러한 노력의 결과가 추리논증의 성적 향상으로 이어졌다고 자신있게 말씀드릴 수 있습니다. 이 자리를 빌어 조성우 교수님께 감사의 인사를 드립니다.

1. 전반적인 학습 내용

원래는 현장 강의 수강을 계획하고 있었으나, 코로나19로 인해 부득이하게 인강으로 강의를 수강했습니다. 1월 중순 기본강의 수강을 시작으로 심화, 하프모의고사, 그리고 파이널모의고사까지 교수님의 커리큘럼을 성실하게 따라갔습니다.

저는 현장 강의와 동일한 스케줄로 강의가 업로드되는 일정에 따라 계획을 세우고, 그 계획에 따라 강의 수강 및 복습을 하고자 노력했습니다. 인강의 경우에 가장 중요한 것이 현장강의 일정에 맞춰 수강 일정을 따라가는 것이라고 생각합니다. 구체적으로는, 추리논증 인강이 매주 화/목 오전에 업로드 되었기 때문에 화/목 저녁에 인강을 수강하는 것으로 계획을 세웠습니다.

2. 학습노트용

제 성적 상승의 가장 큰 원동력은 '학습 노트'라고 생각합니다. 시험장에 들어가는 날까지 (1)단권화 노트, (2)실수노트, (3)모의고사 오답노트는 저의 가장 큰 무기였습니다. 특히, 시험을 한 달 앞

앞둔 시점에서는 해당 노트들을 읽으며 하루 공부를 시작했습니다. 시험 준비 과정에서 뿐만 아니라, 시험 당일 아침과 언어이해 시험이 끝난 뒤 쉬는 시간에도 해당 정리노트를 읽으며 내용을 빠르게 정리할 수 있었습니다.

제가 생각했을 때 정리노트는 물론 학습의 측면에서도 큰 도움이 되었지만, 그보다도 심리적으로 매우 큰 안정감을 주었습니다. 이 노트에 내가 모르는 내용이 다 담겨있고, 그동안 열심히 했던 노력이 모두 들어가 있는 노트라고 생각했기 때문에 시험을 잘 볼수 있을지에 대한 불안감이 들때마다 노트를 읽으며 마음을 다잡을 수 있었습니다.

(1) 단권화노트

기본강의와 심화강의를 수강하며 제가 가장 중요하게 생각한 점은 '단권화 노트'를 만드는 것이였습니다. 단권화 노트는 '기본서의 중요한 개념 + 강의를 들으며 추가적으로 필기한 부분 + 제가 중요하다고 느낀 포인트' 등을 정리하고자 했습니다. 그리고 기본과정에서 정리한 단권화 노트를 기반으로 심화 강의와 이후 모의고사 강의에서 배운 내용들을 추가했습니다.

해당 단권화 노트는 파이널 모의고사 과정을 진행하면서 매우 큰 도움이 되었습니다. 여러 권의 책을 매번 찾아볼 필요 없이, 모의고사 문제에서 어려움을 겪었던 개념들에 대해 단권화 노트를 찾아보며 내용을 빠르게 정리할 수 있었습니다.

- 개념 정리

우선은, 조성우 교수님의 기본서에 있는 개념들을 완벽히 이해하려고 노력했습니다. 특히, 명제논리의 경우에는 실제 시험문제에서 어떤 문장 혹은 표현이 나왔을 때, 해당 논리 구조를 활용할 수 있을지에 초점을 맞춰 정리했습니다. 개념 정리의 경우에는 이미 기본서의 내용이 잘 정리되어 있다고 생각합니다. 따라서 기본서를 기반으로, 강의 때 추가적으로 말씀해주시는 내용을 추가하여 정리한다면 충분할 것 같습니다.

> **예시**
>
> ```
> [1] 형식적 추리
>
> <1> 명제논리
> 1. 개념: 문장 단위의 논리체계. 기본단위-문장
>
> 2. 논리연결사의 진리조건
> 1) ~A (부정): 진리값 바꿈 / p는 거짓이다. p는 사실이 아니다(~p). ~p가 참이면 p는 거짓
> 2) A∧B (연언): 둘다(모두) / -이고, -이면서, -인
> 3) A∨B (선언): 적어도 하나
> 4) A→B (함축): A(충분)→B(필요,선행) = ~B(선)→~A(후), B only A    cf)≠포함관계
> 5) A↔B (동치): 같다. 진리값이 같으면 참 / i)A~B(참): A,B ~A,~B  ii)A~B(거) A,~B A,~B
>                                         - 만약 A라면 그리고 오직 그런 경우에만 B
>                                           만일 그리고 오직 A일때만 B
>                                         - (A→B)∧(~A→~B) A라면 B고 A가 아니라면 B가 아니다
>                                         - (A→B)∧(B→A)
>                                         - (A∧B)∨(~A∧~B)
>
> ※ 동치와 함축의 관계: 동치→함축 = ~함축→~동치
> ※ A는 B를 논리적으로 함축한다 = A는 B를 전제한다. A는 B를 전제로 한다 : ~B→~A
>    [if A(참)→B(참)]              ex) 인간은 생명체임을 전제한다.
> ```

- 문제풀이 포인트

문제풀이 포인트란, 교수님께서 문제 풀 때 중요하게 언급해주신 포인트와 제가 어려움을 느꼈던 문제의 유형에 대해 풀이의 방식을 정리한 것입니다. 특히, 기본서와 심화교재의 페이지를 적어두었기 때문에, 해당 내용에 대한 학습이 필요할 때 빠르게 책을 찾아볼 수 있었습니다.

> 예시
>
> [술어논리 문제풀이]
>
> - 추론의 연결고리가 없을 때 좀 불안하면 반례가능성 검토해보기 •기본73
> - 조건문 앞의 전건 주의 '~라면=가정,조건' ex. if A이고 B라면 P이다.[언제 A이고 B라고 했나?]
> - 반드시 선지 확인 방법: 반례가능성 검토[귀류법]
>   ex. 기본80: A와 C 반드시 선발 ⇔ ~A∨~C가능? (모순)⇔ A∧C [반드시]
>
> - 기준이 다르면[별개의 내용] 양립가능
>   ex) 심화42: 정치가 중 정직한 사람은 거의 없다/ 정직한 사람들 중 대부분은 정치가이다
>   심화43: 고중세 시대의 자연철학은 A이다/ 현대의 과학철학은 ~A이다.
>
> <헷갈리는 문장>
> - C와 D가 함께 불량인 제품은 없다 = C→~D = D→~C
> - 차별대우를 정당화하는 차이가 없는 한 개인들을 똑같이 대우해야 한다 = ~차이→~차별대우
> - A와 C 중 적어도 하나는 빈 상자 = ~A∨~C = A→~C = C→ ~A

(2) 실수노트

실수노트는 기출문제와 모의고사 풀이 과정에서 자주 실수하는 부분을 정리한 노트입니다. 문제풀이 과정에서 여러번 실수라는 이유로 문제를 틀리게 된다면, 그것은 더 이상 실수가 아닌 제 실력이라고 생각했습니다. 따라서, 모의고사 문제풀이 전에 내빈 실수노트를 정독했습니다. 그리고 실제로 문제를 푸는 과정에서 제가 평소 독해를 잘못했던 문장이나 어구들이 눈에 들어오기 시작했고 실수를 줄일 수 있었습니다.

> 예시
>
> [독해 실수]
>
> • 선택지의 [주체/대상/주어]: 여기서 진짜 한 세 개는 실수한다!!
> - 주어(주체 독해)   파이널하프 1회 14번) 갑과 을을 바꿔서 읽음
>
> - A의 B   고득점하프 5회 18번) ㄱ. 베타락타마제의 기능
>   파이널하프 1회 9번) 피고의 보통재판적
>   파이널하프 5회 10번) 총인구의~, 전체노동인구의~ [분수로 표현된 숫자의 분모]
>
> - A인 B   최종2회 8번) 손해를 가한 이사 기타 대표자는~

(3) 모의고사 오답노트

모의고사 강의 때는 교수님께서 중요하다고 언급하신 문제들과 제가 판단하기에 여러번 풀어봐야겠다고 느낀 문제를 대상으로 오답노트를 만들었습니다. '문제를 풀 때 잘못 생각한 부분 + 실수가 잦은 포인트 + 보충자료의 배경지식'을 위주로 정리했습니다. 그리고, 본고사 전까지 오답노트를 중심으로 최소 2번 이상 복습하려고 계획을 세웠습니다.

교수님의 모의고사는 본고사에서 큰 도움이 되었습니다. 특히, 교수님의 모의고사는 본고사에 비해 제시문의 길이가 길고 복잡한 문제 유형이 많습니다. 따라서 모의고사 과정에서 시간적 압박감을 느끼며 집중력을 유지하는 연습을 할 수 있었습니다. 이 문제가 실제 시험에 나올 수 있다는 생각으로 한 문제, 한문제 잘 정리하시면 실제 시험에서 당황하지 않고 침착하게 문제풀이에 임하실 수 있을 것이라고 생각합니다.

예시

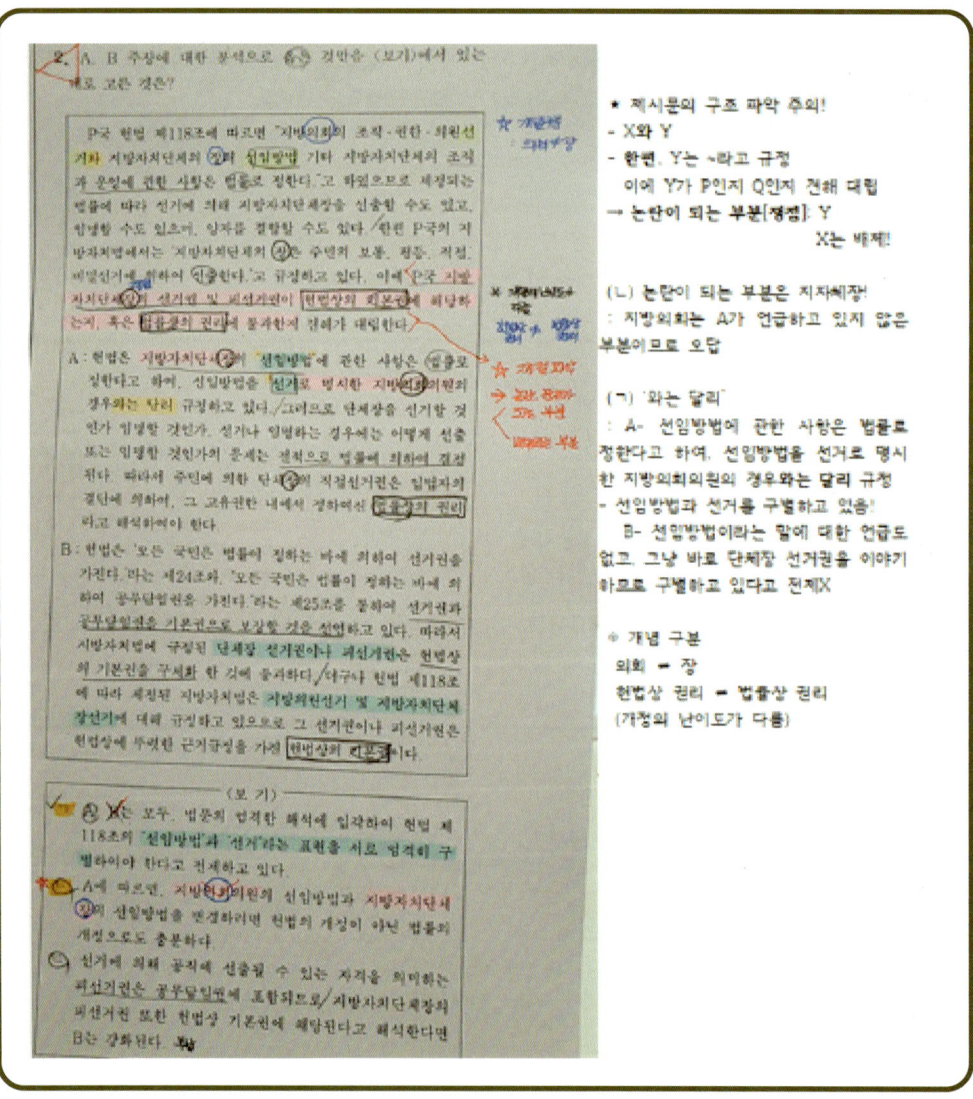

3. 기타 드리고 싶은 말씀

(1) 아침에 집중력을 유지하기

지난 3번의 시험에서 저는 매번 잠을 거의 자지 못하고 시험에 응시했습니다. 그래서 이번에도 잠을 제대로 자지 못할 것이라고 마음의 준비를 하고, 비몽사몽 한 상태에서도 문제를 풀 수 있는 습관을 기르기 위해 노력했습니다.

우선, 시험 두달 전부터 오전 6시 30분에 일어나서 하루 공부를 시작했습니다. 그리고 파이널 모의고사 과정에 들어가면서부터, 잠이 덜 깬 상태인 7시 30분부터 언어이해와 추리논증 모의고사를 실제 시험 시간에 맞춰서 풀었습니다. 시험장에서는 아날로그 시계만 사용이 가능하기 때문에, 실제 시간은 7시 30분이였지만 시계는 9시로 맞춰놓고 시간 관리 연습을 했습니다.

제가 실제 시험 시간보다 더 일찍 모의고사 문제풀이를 시작한 이유는 첫째, 졸린 상태에서도 집중력을 유지할 수 있는 연습을 하기 위함이였고 둘째, 아침시간을 좀 더 효율적으로 활용하고 싶었기 때문입니다. 아침 일찍 모의고사 문제풀이를 시작함으로써 점심시간 이전까지 해설강의까지 수강할 수 있었고, 오후 시간은 앞서 말씀드린 노트를 정리하고 제 약점을 보완하는 시간으로 활용할 수 있었습니다. 조금 더 일찍 아침을 시작함으로써 오전 시간에 집중력을 유지하는 습관을 기를 수 있었고, 이는 실제 시험에서도 크게 도움이 되었다고 생각합니다.

(2) 시험일에 할 행동들을 미리 시뮬레이션해보기

저는 매가 전국모의고사를 응시했고, 마지막에는 본고사 일주일 전에는 실제로 제가 본고사를 치르게 될 시험장에서 진행되는 법률저널 모의고사에 응시했습니다. 전국 모의고사를 응시하는 과정에서 가장 중요했던 것이 실제 시험장에서 내가 할 행동들을 시뮬레이션해보는 것이라고 생각합니다. 저는 기상 시간을 정하는 것부터 시작하여, 아침에 무엇을 먹고 어떤 자료를 볼지도 미리 정했고 모의고사 때 그대로 그 행동을 실행했습니다. 특히, 마지막 모의고사의 경우에는 실제 시험장에서 이뤄졌기 때문에 이동 시간과 동선을 미리 생각해볼 수 있었습니다.

법학적성시험의 경우 일년의 한번 시행된다는 점 때문에 본고사가 다가오면 대부분의 수험생이 심리적으로 큰 부담감을 느끼시는 것 같습니다. 그리고 불안감을 줄이기 위한 가장 좋은 방법이 시험날의 할 행동을 미리 계획한 후, 머릿속으로 상상해보는 것이라고 생각합니다. 저 역시 시험 전날 다음날 아침에 할 행동들을 계속해서 생각하며 마음을 다잡을 수 있었습니다.

(3) 나 자신을 믿기

현재 수기를 쓰며 올해 입시를 준비하던 1년 남짓한 시간을 되돌아봤습니다. 저 역시 '올해도 실패하면 어쩌지'라는 생각으로 불안하고, 초조하고, 긴장되는 마음으로 하루하루를 버텼던 것 같습니다. 그러나 그러한 와중에 저를 지탱해준 것은 '그동안 노력했던 시간의 힘'이었습니다.

적성시험의 특성상 공부를 하고 있는데 크게 눈에 띄는 향상이 보이는 것 같지도 않고, 컨디션에 따라 점수가 요동치기 때문에 많은 수험생이 불안하실 것이라 생각합니다. 그러나, 조성우 교수님의 강의를 수강하고 그 과정에서 각자 자신만의 공부 방법을 찾는다면 반드시 노력의 성과가 있을 것이라고 믿습니다. 할 수 있을 것이라는 자신에 대한 확고한 믿음을 가지고 최선을 다하신다면 반드시 좋은 결과가 있을 것입니다.

V. 제3회 조성우 추리논증 장학생 (2022 LEET) 성적 및 고득점 학습 Tip

조성우 추리논증 장학금은 2020 LEET에 처음 시행한 제도로, **2022 LEET에서는 자격조건을 완화하여** 조성우 추리논증 정규강좌(인강/현강)를 수강한 수강생을 기본자격으로 하여 선정하였습니다.

이번 2022 LEET에서는, 현강 성적우수자(11명), 인강 성적우수자(10명), 성적향상자(현강 10명, 인강 5명), 결격사유대상자 아차상(3명) 총 39명의 성적우수 장학생을 선정하였습니다.

인강 장학생

구분	시상	이름	2022 LEET 백분위	2022 LEET 표준점수
	1등	200만 원	박O윤	99.9	92.5
	2등	100만 원	정O규	99.8	90.4
	3등	50만 원	이O현	99.8	90.4
고득점자	4등~10등	10만 원	김O섭	99.8	90.4
			이O환	99.6	88.2
			김O영	99.6	88.2
			조O은	99.1	86.1
			이O만	99.1	86.1
			강O리	99.1	86.1
			김O진	98.4	84.0

현강 장학생

구분	시상	이름	2022 LEET 백분위	2022 LEET 표준점수
	1등	100만 원	최O석	99.1	86.1
	2등	50만 원	김O준	98.4	84.0
	3등	30만 원	고O영	98.4	84.0
고득점자	4등~11등	10만 원	도O수	97.2	81.9
			박O빈	97.2	81.9
			장O완	97.2	81.9
			소O희	97.2	81.9
			정O진	97.2	81.9
			오O준	95.5	79.8
			신O영	93.3	77.7
			이O하	93.3	77.7
아차상*		20만 원	반O진	99.6	88.2
		10만 원	신O진	98.4	84.0

성적 향상 장학생

구분	시상	이름	추리논증 백분위(%)		
			2023 LEET	2022 LEET	전년대비 향상
현강	1등 / 100만 원	양O완	70.8	5.1	65.7
	2등 / 50만 원	복O윤	81.8	26.8	55.0
	3등 / 30만 원	권O현	64.5	13.3	51.2
	4등~10등 / 10만 원	구O혁	95.5	57.4	38.1
		최O우	81.8	44.9	36.9
		이O슬	95.5	63.2	32.3
		김O혜	95.5	63.2	32.3
		강O혜	76.7	44.9	31.8
		이O식	81.8	51.2	30.6
		심O완	81.8	57.4	24.4
	아차상* / 20만 원	김O재	90.2	10.1	80.1
인강	1등 / 100만 원	김O혁	90.2	26.8	63.4
	2등 / 50만 원	정O원	70.8	10.1	60.7
	3등~5등 / 10만 원	강O원	81.8	21.8	60.0
		신O재	86.4	26.8	59.6
		강O혁	81.8	26.8	55.0

* 전형별 아차상은 현장 파이널 모의고사 미응시 회수 초과로 인하여 결격사유 대상자에서 추가 선발함.

실강 장학생 간략 후기 3가지 질문

❶ 조성우 교수님의 **파이널 강의를 선택한 이유**는?
❷ **현강 수강 시 좋았던 점**은?
❸ 추리논증 **고득점 학습법**이 있다면?

고득점 1등

최O석

2022 LEET
백분위 99.1%
표준점수 86.1
서울대 로스쿨 합격

기초(인강) | 기본(인강) | 심화+실전(인강) | 실전모의고사(현강) | 파이널(현강) | 특강 다수 수강

❶ 조성우 교수님의 파이널 강의를 선택한 이유는?

저의 경우 조성우 선생님의 기본강의를 인강으로 수강하고 나서, 인강을 자기주도적으로 학습하는 데에 어려움을 겪었습니다. 아무래도 학부 수업과 병행하는 것이 어려웠고, 시간이 지나면서 체력이 소진됨에 따라 인강 진도가 밀리기 시작했습니다. 따라서, 고득점half부터는 현강을 수강하면서 선생님 강의를 강제적으로라도 따라가고 싶어 수강하게 되었습니다.

❷ 현강 수강 시 좋았던 점은?

현강 수강을 하면서 문제를 통해 실전연습을 꾸준히 할 수 있었던 점이 좋았습니다. 또한, 파이널 문항과 기출문항, 이전에 강의에서 다루었던 문항을 끊임없이 연계해주신 점이 좋았습니다. 이 과정에서 기존에 봤던 문제들로부터 새로운 깨달음을 많이 얻어 추리논증 과목에 대한 고득점을 쟁취할 수 있었다고 생각합니다.

❸ 추리논증 고득점 학습법이 있다면?

많은 신작 문제 풀이와 기출 패턴 단권화가 제가 고득점으로 갈 수 있었던 열쇠였다고 생각합니다. 저는 사실 초시에 실패하고 재시에 성공을 거둘 수 있었습니다. 초시 때 저는 기출의 중요성을 너무 심각하게 받아들여서, 기출만 계속 반복해서 학습했습니다. 그랬더니 기출의 경우 잘 풀지만, 새로운 문제에 대한 대응력이 떨어져 실전에서 좋은 결과를 거둘 수 없었습니다. 기출의 경우, 오히려 저는 한번 단권화만 제대로 해놓으면 그다음부턴 풀 필요가 없다고 생각합니다. 기출패턴을 단권화해 놓고 그 다음은 양치기로 승부하는 게 맞다고 생각합니다.

조성우
추 리
논 증

양O완

2021 LEET **5.1%**
2022 LEET **70.8%**

➡ 전년대비
　65.7% 향상

기초부터 파이널 강좌까지 전체 커리큘럼 현강으로 모두 수강 | 특강 다수 수강

❶ 조성우 교수님의 파이널 강의를 선택한 이유는?

　기초과정부터 수강했기 때문에 교수님 강의에 대해 잘 알고 있었고 항상 많이 배운다는 느낌을 받았었습니다. 작년에 아예 준비를 하나도 하지 않고 시험장에 들어갔다가 처음 보는 문제유형에 당황한 기억이 있었습니다. 그래서 새로운 유형과 까다로운 문제들을 접해봐야 할 필요성을 느끼고 있었습니다. 또한 교수님 자체 모의고사를 통해 제가 부족한 부분을 확인해볼 수 있고 시험운용 능력을 키우기에 적합한 강의라고 생각해서 선택했습니다.

❷ 현강 수강 시 좋았던 점은?

　인강에 비해 딴 짓을 안 할 수 있어서 좋았습니다. 또한 3시간 이상 긴 수업을 집중해서 듣는 습관이 들면서 시험 시간에도 집중할 수 있는 능력이 많이 향상된 것 같습니다. 옆에서 같이 공부하는 학생들을 보면서 저도 자극받아 더 집중할 수 있었습니다. 또 현강에서 나눠주시는 보충자료도 배경지식 함양이나 수업 중 이해가 안 되는 부분의 이해를 돕는 데에 큰 도움이 되었습니다.

❸ 추리논증 고득점 학습법이 있다면?

　고득점이라고 말할 수 없는 성적이라서 부끄럽지만, 끝까지 노력했던 것이 성적 향상으로 이어진 것 같습니다. 특히 기본 과정에서 기출문제에 익숙해지면서 출제원리에 대해 생각해볼 수 있었고 파이널 모의고사 기간에 접했던 새로운 유형의 문제들이나 시간을 많이 잡아먹게 하는 문제들을 접하면서 시험 운용 전략에 대한 감을 잡을 수 있었습니다. 이 기간들이 성적향상에 큰 도움을 주었던 것 같습니다.

김O재

기본(현강) | 심화+실전(현강) | 파이널(현강) | 특강 다수 수강

2021 LEET **10.1%**
2022 LEET **90.2%**

➡ 전년대비
   80.1% 향상

① 조성우 교수님의 파이널 강의를 선택한 이유는?

    2021년 리트에서 추리논증 백분위 10.1을 받은 후 거의 포기상태였던 저에게 친구가 조성우 선생님 강의를 추천해주었습니다. 아주 기초부터 꼼꼼하고 체계적으로 가르친다는 점과, 선생님께서 학생들의 공부를 돕기 위해 매우 열의를 가지고 계신다는 점에서 본 강의를 택하게 되었습니다.

② 현강 수강 시 좋았던 점은?

1. 기간과 분량을 계산하여 계획적이고 체계적으로 진행하는 강의
2. 학생들의 공부에 대한 열의를 가지고 열심히 하시는 점
3. 수업 시간 시작 전 의지를 복 돋아주는 간단한 멘트
4. 기초 이론부터 심화 과정, 실전 문제까지의 정석 풀이법 강의

③ 추리논증 고득점 학습법이 있다면?

    1. 자신의 점수대를 파악한 후 점수 향상의 포인트를 잡기. 제 경우 고난도 문제보다는 아주 기본적인 문제를 먼저 잡겠다는 전략으로 임했습니다. 2. 자주 틀리는 유형을 모아서 틀리는 원인을 확인하기. 제 경우 경제 그래프 문제를 항상 틀렸기에, 그 문제들만 모아서 문제의 원형을 파악하였습니다. 3. 버리기. 시험 전까지 잡지 못한 문제 유형을 파악하여, 본고사에서는 시간을 들이지 않고 냉정하게 넘긴 후, 다른 문제를 잡았습니다.

인강 장학생 간략 후기 3가지 질문

❶ 조성우 교수님의 **강의를 선택한 이유**는?
❷ 2022 LEET 추리논증 **고득점에 가장 큰 영향을 준 정규 강좌와 그 이유**는?
❸ 나만의 추리논증 과목 **고득점 인강 학습 Tip**은?

박○윤

2022 LEET
백분위 99.9%
표준점수 92.5

❶ 조성우 교수님의 강의를 선택한 이유는?

　주변에 로스쿨을 다니는 친구들에게 물었을 때 가장 많은 추천을 받은 강좌입니다. 친구들의 의견과 수강 후 제 의견을 종합한 조성우 교수님의 강의의 장점은 다음의 세 가지입니다. 첫째, 자료가 풍부하다. 둘째, 추리논증의 기초에 해당하는 내용을 반복적으로 설명해 주어 강의만으로 기본을 다질 수 있다. 셋째, 모의고사 출제문제에 오류가 적다. 이상의 이유들이 제가 조성우 교수님의 강의를 선택하고 다른 사람에게도 추천하는 이유입니다.

❷ 2022 LEET 추리논증 고득점에 가장 큰 영향을 준 정규 강좌와 그 이유는?

　단언코 모의고사가 2022 LEET 추리논증 고득점에 가장 큰 영향을 준 강좌라고 말할 수 있습니다. 법학적성시험은 논리학과 같은 기초만큼이나, 때로는 그보다 더 실전경험이 큰 영향을 끼치는 시험이라고 생각합니다. 그렇기 때문에 부족한 기출을 보완하기 위해 강사 모의고사를 꾸준히 푸는 것이 고득점을 받기 위해서는 필수적입니다. 이런 면에서 조성우 교수님의 모의고사는 난이도 유지나 출제 오류, 언어추리와 모형추리 파트에서 큰 강점을 가지고 있다고 생각합니다.

❸ 나만의 추리논증 과목 고득점 인강 학습 Tip은?

　추리논증 고득점을 위해서는 기출과 모의고사를 주기적으로 풀어 감을 유지하는 것이 가장 중요합니다. 저는 올해 12월부터 주에 1-2회씩은 꼭 기출이나 모의고사를 풀었습니다. (시험 직전 주 3회 이상) 풀고 나서는 법전협의 출제의도와 정답에 풀이를 맞춰갈 수 있도록 해설풀이를 했습니다. 이를 바탕으로 헷갈리는 문제들을 출제유형으로 분류하여 각 유형마다 나만의 풀이법을 만들 수 있도록 했습니다. (예시 : 추리는 엄밀하게, 논증은 자비롭게 / 사실과 당위를 구별하라) 이처럼 기출과 모의고사를 중점으로 학습했습니다.

김O혁

2021 LEET **26.8%**
2022 LEET **90.2%**

➡ 전년대비
   63.4% 향상

기초부터 파이널 강좌까지 전체 커리큘럼 인강으로 모두 수강 | 특강 다수 수강

❶ 조성우 교수님의 강의를 선택한 이유는?

2021 리트 시험에서 추리논증 점수가 너무 저조하여 인강을 수강하기로 했습니다. 추리 논증을 가르치는 선생님들은 많이 있지만 조성우 교수님의 강의가 압도적으로 수강생들에게 인기가 많고 커리큘럼이 가장 체계적이어서 선택하게 되었습니다. 특히 대충 넘어갈 수 있는 논리학 부분을 기초 단계에서부터 체계적으로 배울 수 있고 기출문제에 많은 비중을 두고 강의를 한다는 점이 큰 도움이 될 것 같아 조성우 교수님의 강의를 선택했습니다.

❷ 2022 LEET 추리논증 고득점에 가장 큰 영향을 준 정규 강좌와 그 이유는?

제가 2022 리트에서 극적으로 점수를 올리는데 큰 도움이 된 강좌는 '기본' 강의였습니다. 2021 리트 추리논증 시험에서는 정오답의 기준이 애매하고 무엇을 물어보는지 정확히 몰라서 많이 틀렸는데 조성우 선생님의 기본 강의에서의 상세한 기출문제 분석을 통해 정오답의 기준을 확실히 잡고 출제의도를 파악할 수 있었습니다. 또한 기출문제를 유형별로 묶어서 정리할 수 있어서 기출문제를 체계적으로 공부하는 데 큰 도움이 되었습니다.

❸ 나만의 추리논증 과목 고득점 인강 학습 Tip은?

기출문제와 모의고사를 잘 활용하는 것이 중요하다고 생각합니다. 기출문제의 경우 우선 힘들더라도 시간을 재고 전개년 문제를 풀어보고 백분위를 확인한 다음 조성우 선생님의 기본 강의를 통해 기출문제를 유형별로 정리하고 반복해서 익혔습니다. 이후 다시 시간을 재고 전개년 문제를 풀어보고 내가 반복적으로 틀리는 문제를 묶어서 정리한 후 취약한 부분을 찾아 심화 강의를 통해 보완했습니다. 시험 한 달 전에는 시간 관리 차원에서 모의고사를 잘 활용한 것이 점수 올리는 데 큰 기여를 한 것 같습니다.

VI. 제4회 조성우 추리논증 장학생 (2023 LEET) 성적 및 고득점 학습 Tip

조성우 추리논증 장학금은 2020 LEET에 처음 시행한 제도로, **2023 LEET에서도 자격조건을 완화하여** 조성우 추리논증 정규 강좌(인강/현강)를 수강한 수강생을 기본자격으로 하여 선정하였습니다.

이번 2023 LEET에서는, 현강 성적우수자(10명), 인강 성적우수자(12명), 현강 성적향상자(10명), 인강 성적향상자(12명) 총 44명의 조성우 추리논증 장학생을 선정하였습니다.

인강 장학생

구분		시상	이름	2023 LEET	
				백분위	표준점수
고득점자	1등	100만 원	강O구	100.0	92.5
	2등	50만 원	류O현	99.7	90.4
	3등	30만 원	김O성	99.7	90.4
	4등 ~ 6등	20만 원	정O엽	99.7	88.6
			이O하	99.3	88.6
			이O림	99.3	86.5
	7등 ~ 12등	10만 원	박OO엘	99.3	86.5
			김O진	98.7	84.4
			강O현	98.7	84.4
			이O환	98.7	84.4
			윤O수	98.7	84.4
			오O현	98.7	84.4

현강 장학생

구분		시상	이름	2023 LEET	
				백분위	표준점수
고득점자	1등	100만 원	김O현	99.7	88.6
	2등	50만 원	박O준	98.7	84.4
	3등	30만 원	이O림	97.7	82.4
	4등 ~ 10등	10만 원	김O만	96.3	80.3
			한O영	94.3	78.3
			박O준	94.3	78.3
			서O정	91.6	76.2
			김O영	91.6	76.2
			김O휘	88.1	74.1
			김O원	83.9	72.1

성적 향상 장학생

구분	시상		이름	추리논증 백분위(%)		
				2023 LEET	2022 LEET	전년대비 향상
인강	1등	100만 원	박O호	91.6	3.4	88.2
	2등	50만 원	이O영	94.6	26.0	68.3
	3등	30만 원	심O빈	96.3	31.9	64.4
	4등~6등	20만 원	권O진	83.9	20.9	63.0
			홍O린	94.3	31.9	62.4
			강O지	66.9	6.9	60.0
	7등~12등	10만 원	이O훈	83.9	26.0	57.9
			정O준	78.8	20.9	57.9
			모O윤	88.1	31.9	56.2
			홍O정	91.6	38.1	53.5
			박O진	88.1	38.1	50.0
			신O무	94.3	44.4	49.9
현강	1등	100만 원	정O전	91.6	26.0	65.6
	2등	50만 원	심O지	88.1	26.0	62.1
	3등	30만 원	조O민	78.8	20.9	57.9
	4등~10등	10만 원	이O민	88.1	38.1	50.0
			강O엽	94.3	44.4	49.9
			장O종	73.1	26.0	47.1
			유O은	83.9	38.1	45.8
			황O원	47.3	9.6	37.7
			주O리	66.9	38.1	28.8
			윤O지	73.1	44.4	28.7

2024 LEET에서는 여러분이 '조성우 성적우수 장학생 & 성적향상 장학생'의 주인공이 되시길 기원합니다.

실강 장학생 간략 후기 3가지 질문

조성우 추리논증

❶ 조성우 교수님의 **파이널 강의를 선택한 이유**는?
❷ 현강 **수강 시 좋았던 점**은?
❸ 추리논증 **고득점 학습법**이 있다면?

김O현

2023 LEET
백분위 99.7%
표준점수 88.6
➡ 전년대비
　　13.3% 향상

기본(현강) | 심화+실전(현강) | 파이널(현강) | 특강 다수 수강

❶ 조성우 교수님의 파이널 강의를 선택한 이유는?

　가장 유명한 수업이기도 했고, 실전대비만큼은 그 어느 수업보다 탄탄하게 할 수 있다고 익히 들어 신청했습니다. 문제 또한 선생님께서 많은 고민을 하시고 출제해주시고, 최대한 리트와 유사하다고 익히 들어 고민 없이 수강하게 되었습니다.

❷ 현강 수강 시 좋았던 점은?

　가장 좋았던 점은 문제의 퀄리티였습니다. 대부분의 사설 모의고사 문제들은 기출을 변형해서 출제한다든지, 무작정 난이도가 높은 문제를 출제하여 학생들이 틀리게 낸다든지 하는 경향이 있었습니다. 하지만 조성우 선생님은 적절한 난이도로 최대한 다양하고 신선한 문제들을 제공해주셨습니다. 특히 빈출되는 개념, 기출 중 어려운 개념, 그리고 올해 나올 수 있는 개념들을 각종 학문분야에서 수합해 설명해주셔서 너무 감사했고, 매주 주시는 보충자료 또한 복습용으로 적절하여 즐겨 학습한 기억이 있습니다.

❸ 추리논증 고득점 학습법이 있다면?

　조성우 선생님께서 주신 자료가 1순위였습니다. 520문제 이상이나 되는 선생님의 문제를 모두 복습하기는 어렵다고 판단해, 최대한 수업시간에 집중하여 복습을 끝내고자 하였고, 정말 올해 나올 것 같은 문제나 이해가 가지 않은 문제를 집에 돌아와 복습했습니다. 보충자료에 등장하는 다양한 개념들과 유사문제들은 빠짐없이 풀었고, 리트 시험 전에도 조성우 선생님 문제들을 훑어보며 오답들을 체크했습니다. 이외에는, 실험철학, 인과, 입증과 같은 추리논증 관련 책들을 찾아 읽고, 스터디 내에서 직접 리트 예상문제를 만들어 풀기도 하였습니다.

김O만

2023 LEET
백분위 96.3%
표준점수 80.3
➡ 전년대비
14.5% 향상

기본(현강) | 심화+실전(현강) 파이널(현강) | 특강 모두 수강

❶ 조성우 교수님의 파이널 강의를 선택한 이유는?

리트 점수 향상이 간절했던 저는 저에게 가장 많은 공부를 시켜주실 수 있는 선생님을 찾았습니다. 메가로스쿨의 모든 추리논증 강사의 소개동영상을 본 저는 조성우 선생님이 바로 그런 분이라고 확신했습니다. 그렇게 1월부터 선생님의 기본, 심화 강의를 들으며 공부했기에 파이널도 망설임없이 조성우 선생님 강의로 선택했습니다.

❷ 현강 수강 시 좋았던 점은?

자주 하지는 않았지만, 수업 후 선생님과 나누었던 질의응답이 가장 만족스러웠습니다. 제가 생각을 정리해서 질문드리면, 선생님께서는 제 말에 귀기울여주셨고 저를 이해시키려고 최대한 노력해주셨습니다. 질문을 통해 제 사고과정의 오류를 바로잡기도 했고, 때로는 반대로 제 논리/접근방법의 타당성을 인정받기도 했습니다. 현장 강의의 질문을 통해 제 사고과정을 끊임없이 점검할 수 있었던 점이 좋았습니다.

❸ 추리논증 고득점 학습법이 있다면?

'우리 시험은 집중력 싸움입니다'. 조성우 선생님께서 늘 수업 첫 PPT에 띄우셨던 말씀입니다. 저는 LEET 고득점의 비결이 집중력 발휘에 있다고 생각합니다. 집중력은 크게 두 종류로 나눌 수 있습니다. 하나는 약 3분 정도의 짧은 문제 풀이 과정동안 실수 없이 정답을 도출하는 집중력, 그리고 다른 하나는 내가 건드려도 되는 문제인지 넘겨야 하는 문제인지 판단하는 집중력(선구안)입니다. 125분의 긴 시간동안 두 종류의 집중력을 적절히 발휘한 것이 제 고득점의 비법입니다.

정O전

2022 LEET 26.0%
2023 LEET 91.6%
➡ 전년대비
65.6% 향상

기본(현강) | 심화+실전(현강) | 파이널(현강) | 특강 다수 수강

❶ 조성우 교수님의 파이널 강의를 선택한 이유는?

리트 추리논증 영역에서 수년간 1타 강사 자리를 지키고 계신 만큼 이유가 있을 거라고 생각했고 작년 입시에서 추리논증 영역이 많이 부족해서 조성우 교수님의 파이널 강의를 선택하게 되었습니다. 강의를 통해 작년에 독학을 하는 동안 알지 못했던 제 문제점 및 보완점을 확실하게 찍어주셔서 결과적으로 올해 큰 도움이 되었습니다.

❷ 현강 수강 시 좋았던 점은?

현장 강의에서만 느낄 수 있는 수강생들 간의 수강 분위기와 실제 시험처럼 운영되는 모의고사 시간이 큰 도움이 되었다고 생각합니다. 올해

2023 리트 시험장에서 문제를 푸는 동안 순간적으로 모의고사를 풀고 있는 듯한 느낌을 받으며 보다 편한 마음으로 시험에 임한 것이 점수에도 큰 영향이 있었던 것 같습니다.

❸ 추리논증 고득점 학습법이 있다면?

1. 보다 많은 문제를 접하며 자신이 풀 수 있는 문제와 그렇지 못한 문제를 빠르게 걸러내는 능력 2. 강화/약화/중립의 명확한 판단 3. 자신의 배경지식을 활용하는 것이 아니라, 지문 속의 명확한 근거를 통해 도출한 논리로 선지 판단 이 세 가지가 크게 성적향상에 있어 도움이 되었다고 생각합니다.

강O엽

2022 LEET **44.4%**
2023 LEET **94.3%**

➡ 전년대비
49.9% 향상

기본(현강) | 심화+실전(현강) | 파이널(현강) | 특강 다수 수강

❶ 조성우 교수님의 파이널 강의를 선택한 이유는?

조성우 교수님의 파이널 강의의 가장 큰 장점은 양질의 모의고사 문제입니다. 기출을 통해 훈련했던 여러 개념들을 점검할 수 있는 좋은 기회가 됩니다. 또한 모의고사의 일부 회차는 난이도가 높은데, 이는 학습의 측면에서 많은 도움이 되고, 실제 시험에서 당황하지 않는 연습을 하게 해줍니다.

❷ 현강 수강 시 좋았던 점은?

가장 좋았던 점은 실제 시험 시간에 맞춰 진행되는 모의고사입니다. 신체 리듬을 유지할 수 있고 시험 감각을 익히는 데 도움이 됩니다. 집에서 혼자 풀 때와 달리, 여러 사람이 모인 곳에서 낯선 책상, 낯선 의자에서 시험을 반복해서 보게 되면 실제 시험장에 가서도 불안함을 완화할 수 있기 때문입니다. 또한 제공되는 보충자료는 깊이 있는 학습에 매우 유용했고 보충자료만 꼼꼼히 봐도 리트에 출제될 만한 거의 모든 핵심 소재는 다 다룰 수 있다고 생각합니다.

❸ 추리논증 고득점 학습법이 있다면?

저는 개인적으로 고득점 파이널 강의를 적극 활용했습니다. 기출은 모두들 오답정리를 하고 분석을 하지만, 고득점 파이널 모의고사의 경우 오답정리까지만 하는 경우가 대부분이었습니다. 하지만 저는 파이널 모의고사 매회 분석을 했습니다. 성적이 낮게 나왔다면 그 이유는 무엇인지 분석하고 다음에는 어떤 문제를 포기할지, 어떤 파트부터 풀지, 시간관리는 어떻게 할지 등의 계획을 세웠습니다. 그리고 성적이 높을 때는 어떤 방법이 유효했는지 체크하며 저만의 시험 계획을 완성시켜 나갔습니다.

3 인강 장학생 간략 후기 가지 질문

❶ 조성우 교수님의 **강의를 선택한 이유**는?
❷ 2023 LEET 추리논증 **고득점에 가장 큰 영향을 준 정규 강좌와 그 이유**는?
❸ 나만의 추리논증 과목 **고득점 인강 학습 Tip**은?

고득점 1등

강O구

2023 LEET
백분위 100%
표준점수 92.7

➡ 전년대비
18.2%(+11개) 향상

얼리버드 인강 PASS 수강생으로 기초입문을 비롯한 정규강의 전부와 다수의 특강 수강

❶ 조성우 교수님의 강의를 선택한 이유는?

    조성우 선생님의 강의는 메가로스쿨에서 가장 많은 학생이 선택하는 수업이라고 알고 있습니다. 수많은 학생들이 선택한 이유가 있다고 생각합니다. 게다가 많은 자본을 투자할 수 있기 때문에 다른 선생님들보다 더 탁월한 수업 자료를 제공해 줄 수 있다고 생각했습니다. 이런 제 기대와 같이 매 수업마다 양질의 참고자료를 제공받을 수 있었습니다. 뿐만 아니라 모의고사 문제를 자체 제작하므로 타 강의에 비해 실전과 같은 연습을 하는데 도움이 되었습니다.

❷ 2023 LEET 추리논증 고득점에 가장 큰 영향을 준 정규 강좌와 그 이유는?

    저는 기본이론 수업이 중요하다고 생각합니다. 수강생 각각의 배경지식과 삶의 궤적이 달라 사고의 틀이 다르기 때문에 자칫 독단적인 시선으로 문제를 접할 수 있습니다. 저도 이 이유로 첫 시험에서 아쉬운 결과를 얻었다고 생각합니다. 그러나 선생님은 수업을 통해 추리논증 시험을 위한 보편적인 사고의 틀을 가질 수 있도록 지도해 주셨고 이를 통해 이느 시점부터 성적이 급격히 상승할 수 있었습니다.

❸ 나만의 추리논증 과목 고득점 인강 학습 Tip은?

    시험을 준비하는 내내 학교에서 근로를 했으므로 상대적으로 시간이 부족했습니다. 인강의 장점은 필요한 부분을 선택해서 수강할 수 있다는 점입니다. 저는 기본이론까지는 건너뛰는 부분 없이 수강했으나 심화+실전을 수강할 때는 제가 부족한 부분만 선별해 수업을 들었습니다. 선생님은 수업에서 메타인지를 강조하시는데, 이를 통해 본인이 부족한 부분이 어디인지 파악할 수 있었고 이에 집중하며 부족한 공부 시간을 효율적으로 사용할 수 있었습니다.

박○호

2022 LEET **3.4%**
2023 LEET **91.6%**

➡ 전년대비
88.2% 향상

기초부터 파이널 강좌까지 전체 커리큘럼 인강으로 모두 수강 | 특강 다수 수강

① 조성우 교수님의 강의를 선택한 이유는?

2022년도 법학적성시험에서 절망적인 수준의 백분위를 받고 나서 친구의 추천을 받아서 듣게 되었습니다. 친구 또한 점수를 조성우 교수님의 강의를 듣고 점수를 많이 올렸습니다. 평소에 어떤 분야에서 1타인 교수님은 다 이유가 있다는 말을 많이 들었고 조성우 교수님은 법학적성시험의 추리논증에서 독보적 1타이셨기에 친구의 말을 믿고 수강하게 되었습니다. 그리고 조성우 교수님의 강의를 수강하면서 이 교수님이 왜 1타이신지 깨닫게 되었습니다.

② 2023 LEET 추리논증 고득점에 가장 큰 영향을 준 정규 강좌와 그 이유는?

기본이론강좌가 가장 큰 영향을 주었습니다. 중요한 기출문제를 모두 꼼꼼하게 다루어주셨고 함정을 걸리지 않기 위한 팁을 알려주셨습니다. 그 덕분에 리트 문제를 유형별로 어떻게 접근해야 하는지 자세하게 알 수 있었습니다. 또한 시간관리 방법 등 추리논증 시험을 어떻게 접근해야 하는지도 거시적으로 알려주셨습니다. 강의마다 유형별 이론 보충을 위한 보충자료도 제공해주셨는데 그 덕분에 리트 문제를 풀기 위한 배경지식을 쌓는 데 큰 도움이 되었습니다.

③ 나만의 추리논증 과목 고득점 인강 학습 Tip은?

모든 문제를 풀기 전에 '집중하자'라는 말을 한 번 되뇌이고 문제를 풀었습니다. 어찌보면 너무 당연한 말처럼 느껴질 수도 있지만 추리논증을 풀다 보면 시간에도 쫓기고 문제도 어렵다보니 자연스럽게 집중력이 흐트러지기 마련입니다. 이렇게 집중력이 저하되면 문제의 함정에도 걸리기 쉽고 지문 해석도 느려지게 됩니다. 따라서 문제를 풀기 전에 한 번 '집중하자'라는 말을 되뇌이고 풀 집중력으로 문제를 푼다면 함정에도 걸리지 않고 지문해석도 빨라져서 문제 풀이 속도도 더 빨라질 것입니다.

심O빈

2022 LEET **31.9%**
2023 LEET **96.3%**

➡ 전년대비
64.4% 향상

기초부터 파이널 강좌까지 전체 커리큘럼 인강으로 모두 수강 | 특강 다수 수강

1 조성우 교수님의 강의를 선택한 이유는?

　　2022학년도에 아무것도 모르고 리트 공부에 뛰어들었을 때, 인터넷에서 리트 공부는 기출이 가장 중요하다는 말만 듣고 무작정 기출만 돌렸었습니다. 추리논증 관련해 논리학 책을 사서 읽어 보기도 했지만 이해가 어려워서 끝까지 못 읽고 금세 포기하기도 했습니다. 그러다 친 첫 시험의 점수는 처참했습니다. 점수를 보며 이대로 제대로 된 이해 없이 기출만 돌려서는 성적 향상이 어려울 것이라고 생각했고 그래서 인강을 찾아보던 중 조성우 교수님의 무료 강의를 들어보고 선생님과 추리논증 공부를 하면 제대로 배울 수 있을 것 같아 선택했습니다.

2 2023 LEET 추리논증 고득점에 가장 큰 영향을 준 정규 강좌와 그 이유는?

　　저는 기초반의 영향이 가장 크다고 생각합니다. 저도 마찬가지였지만 리트를 처음 공부할 때 추리논증에 대해 아무것도 모르는 수험생이 태반입니다. 이러한 상황에서 첫 단추를 잘 끼우는 것이 중요할 것입니다. 기초 강좌에서 단추를 제대로 끼우고 시작하면 그 이후 기본, 심화 과정에서도 기초 강좌에서 배웠던 것들을 토대로 공부법을 더 발전시키고 심화시킬 수 있습니다. 저 역시도 기초 강좌에서 배웠던 문제 풀이 방법으로 주춧돌을 쌓고, 이를 체화시켜 나가면서 기본, 심화 강의를 거쳐 본 시험에서도 좋은 결과를 얻을 수 있었습니다.

3 나만의 추리논증 과목 고득점 인강 학습 Tip은?

　　인강을 들을 때에는 집중하는 것이 가장 중요합니다. 아무래도 현강보다 인강이 집중력이 떨어지는 것은 어쩔 수 없겠지만 너무 편한 자세로 듣는 것보다는 바르게 앉아 듣는 것이 졸음도 막을 수 있습니다. 또 인강을 들은 뒤에는 혼자 문제를 푸는 시간을 갖는 것이 필수입니다. 조성우 교수님의 풀이를 보면 쉬워 보이고 안 풀어도 알 것 같은 느낌이 들지만 막상 혼자서 풀면 못 풀기 마련입니다. 풀이를 듣기 전 먼저 문제를 풀어 보고, 못 풀었던 문제들은 풀이를 들은 뒤 다시 한 번 풀어 보아야 합니다.

CHAPTER 3
추리논증 학습의 실제

추리논증은 어떻게 학습하는 것이 좋은지
실제 강의에서 이루어지는 모습을
지상(紙上)에 표현해 보도록 하겠다.
각 영역별 기출문제들을
몇 문제 살펴보도록 하겠다.

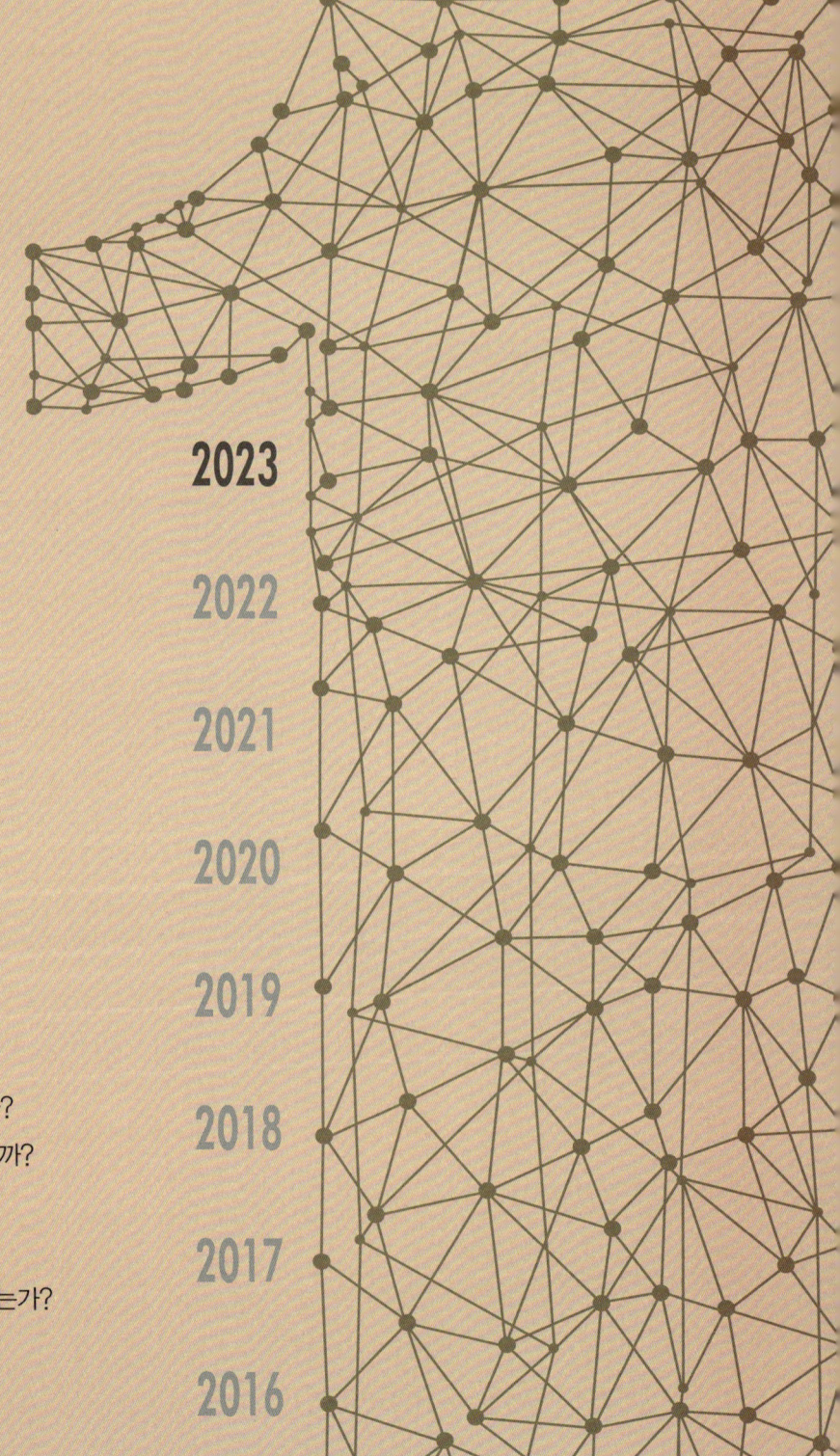

2023

2022

2021

2020

2019

2018

2017

2016

핵심 내용

| 문제 해결을 위해 논리학은 어느 정도 필요한가?
| 일상언어추리 및 논증문항, 어떻게 학습해야 할까?
| 수리추리&논리게임, 무조건 포기할 것인가?
| 효율적인 문제해결방법은 존재하는가?
| PSAT 등 유사적성시험 문제, 반드시 풀어야 하는가?

I. 문제 해결을 위해 논리학은 어느 정도 필요한가?

먼저 아래 문제를 풀어보기 바란다. 좀 더 적극적인 자세로 문제풀이에 임하고자 한다면, 문제를 풀기 전 스톱워치를 준비하여 문제를 푸는 데 걸린 시간을 적어 보기 바란다.

| 제4회 2012 LEET 기출 |

다음 글로부터 추론한 것으로 옳은 것만을 〈보기〉에서 있는 대로 고른 것은?

> 다음은 갑과 을이 A~D 4개국에 대해 각자 조사한 결과와 그로부터 추리한 내용이다.
>
> 〈갑의 조사 결과와 추리 내용〉
> - 조사 결과 : GDP가 2만 달러 이상인 국가는 모두 국제노동기구에 가입했다. GDP가 2만 달러 미만이거나 인구가 7천만 명 이상인 국가는 모두 사형제 폐지 국가가 아니다. 국제노동기구에 가입하고 GDP가 2만 달러 이상인 국가는 모두 사형제 폐지 국가가 아니다. 세계무역기구 회원국이면서 집단학살방지 협약에 가입한 국가는 모두 사형제 폐지 국가이다. A국은 국제노동기구에 가입하지 않았다. B국은 집단학살방지 협약에 가입했다.
> - 추리 내용 : A국은 사형제 폐지 국가가 아닐 것이다.
>
> 〈을의 조사 결과와 추리 내용〉
> - 조사 결과 : 모든 국가는 세계무역기구 회원국이거나 국제노동기구에 가입했다. 국제노동기구에 가입하지 않은 국가는 모두 GDP가 2만 달러 미만이다. 국제노동기구에 가입하고 집단학살방지 협약에 가입한 국가는 모두 사형제 폐지 국가이다. C국의 GDP는 2만 달러 이상이다. D국의 인구는 7천만 명 이상이다.
> - 추리 내용 : C국은 사형제 폐지 국가일 것이다.

─── 〈보기〉 ───
ㄱ. 갑의 추리는 옳고 을의 추리는 옳지 않다.
ㄴ. 갑과 을의 조사 결과가 모두 옳다면, B국은 사형제 폐지국가이다.
ㄷ. 갑과 을의 조사 결과가 모두 옳다면, D국은 집단학살방지협약에 가입하지 않았다.

① ㄱ ② ㄷ ③ ㄱ, ㄴ
④ ㄴ, ㄷ ⑤ ㄱ, ㄴ, ㄷ

문제를 푸는 데 시간은 얼마나 걸렸는가?

첫 얘기를 '시간'에 대한 얘기로부터 시작해서 약간 부담스러울 수도 있겠으나 우리가 준비하는 시험은 시간이 충분히 주어진 상태에서 문제를 풀어가는 시험이 아니라 상당히 시간에 쫓기는 가운데 문제를 풀게 되는 시험이라는 것을 염두에 두었으면 한다. 따라서 우리가 시험 준비기간을 2~3년 이상의 장기간으로 잡는 것이 아닌 이상 문제를 풀 때는 항상 시간에 대한 충분한 인식이 있었으면 한다.

LEET 추리논증은 40문제를 125분에 걸쳐 풀게 된다. 답안지 마킹하는 시간을 뺀다면 평균적으로 한 문제당 3분 정도가 배당된다. 따라서 오늘은 시간이 많이 걸렸다 하더라도 시험장으로 가기 전까지는 제대로 된 학습을 통해 이런 유형의 문제라면 제한된 시간 내에 정확하게 풀 수 있도록 하여야 할 것이다.

정답은 5번이다. 정답은 맞추었는가? 틀렸다면 정답에 수긍이 가는가?

본 문제는 논리학을 기초로 하여 출제된 연역추리 문제이다. 아직 논리학을 제대로 학습하지 않은 수험생이라고 하더라도 중고등학교 수학시간에 배운 지식을 활용하여 어느 정도 접근은 가능할 것이다. 그러나 정확한 문제풀이를 위해서는 시험에 활용되는 정도의 기초 논리학 학습은 하여야 한다.

제시된 갑과 을의 조사 결과와 추리 내용을 간략하게 정리하면 다음과 같다.

```
〈갑〉 i ) GDP 2만 이상 → 국제노동기구
     ii ) GDP 2만 미만 ∨ 인구 7천만 이상 → ~사형제 폐지
     iii) 국제노동기구 ∧ GDP 2만 이상 → ~사형제 폐지
     iv) 세계무역기구 ∧ 집단협약 → 사형제 폐지
     v ) A국 : ~국제노동기구
     vi) B국 : 집단협약
     ─────────────────────────
     ∴ A국 : ~사형제 폐지

〈을〉 i ) 세계무역기구 ∨ 국제노동기구
     ii ) ~국제노동기구 → GDP 2만 미만
     iii) 국제노동기구 ∧ 집단협약 → 사형제 폐지
     iv) C국 : GDP 2만 이상
     v ) D국 : 인구 7천만 이상
     ─────────────────────────
     ∴ C국 : ~사형제 폐지
```

※ 여기서 '→'는 '만일 ~라면 반드시 … 이다.'라는 의미로 사용했고, '~'은 '아니다.'라는 부정의 의미로 사용된 것이며, '∨'는 '또는'의 의미로, '∧'는 '그리고'의 의미로 사용된 것이다.

자, 그럼 〈보기〉의 내용을 검토해 보도록 한다. 〈보기〉ㄱ은 갑과 을의 추리의 옳고 그름을 묻고 있다. 갑의 추리와 을의 추리의 특징은 무엇이며 어떻게 문제를 풀어가는 것이 좋을까?

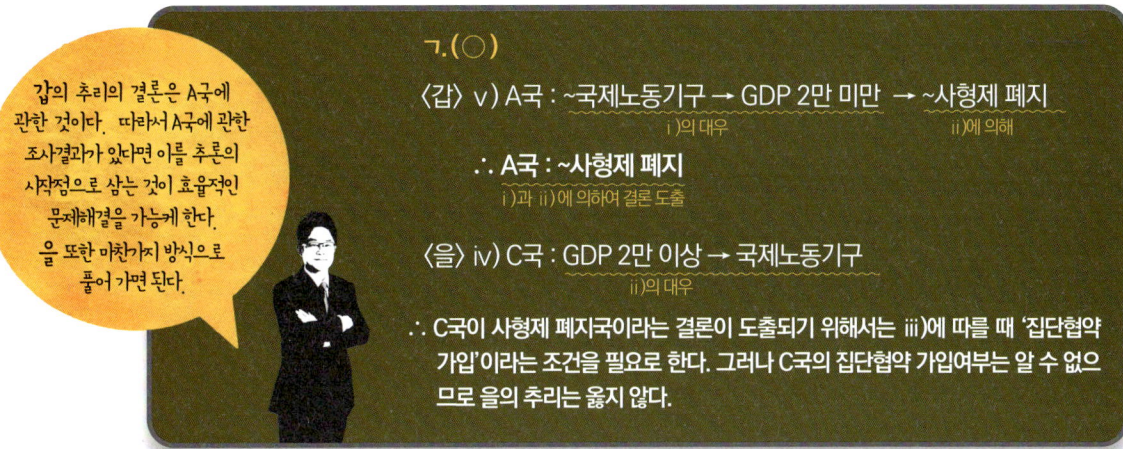

다음은 〈보기〉ㄴ과 ㄷ을 검토해 보도록 하자. 문제풀이 감각이 있는 수험생의 경우에는 선택지의 구성을 보면서 〈보기〉ㄴ보다는 〈보기〉ㄷ을 먼저 검토할 수 있었을 것이다.

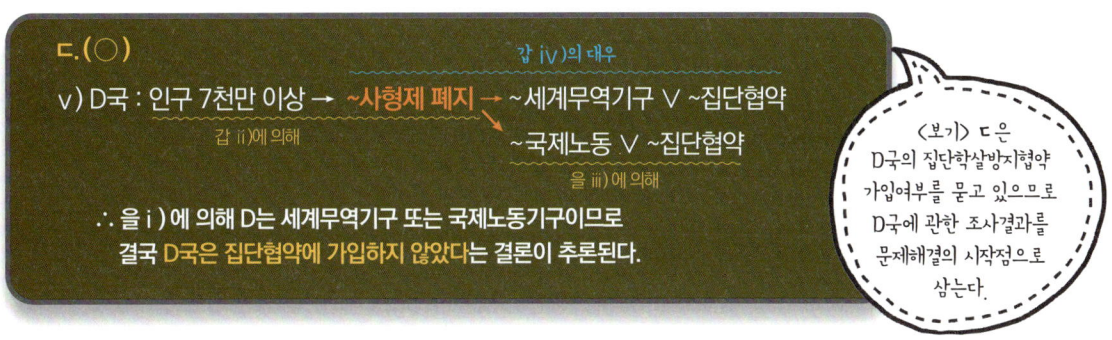

〈보기〉ㄱ과 ㄷ의 판단으로 정답은 5번을 선택할 수밖에 없다. 실전에서라면 여기까지 풀었을 때 시간이 3분을 초과했을 경우 과감하게 〈보기〉ㄴ의 판단을 건너뛰는 것이 현명한 접근일 것이다.

학습 차원에서 〈보기〉ㄴ을 검토해 보도록 하자.

〈보기〉ㄴ은 B국의 사형제 폐지여부를 묻고 있다. 따라서 B국에 관한 조사결과로부터 문제해결의 시작점을 삼는 것이 효율적인 문제해결을 가능하게 한다.

ㄴ. (○)

〈갑〉 vi) B국 : 집단협약
B국의 조사결과로부터 직접 추론되는 사실은 없으나 다음과 같이 관련된 조사결과가 있다.

갑 iv) 세계무역기구 ∧ 집단협약 → 사형제 폐지
을 iii) 국제노동기구 ∧ 집단협약 → 사형제 폐지
을 i) 세계무역기구 ∨ 국제노동기구

∴ 을 i)에 의해 B는 세계무역기구 또는 국제노동기구이므로
결국 **B국은 사형제 폐지국가**일 수밖에 없다.

여기까지 해서 일단 문제풀이는 끝났다. 문제를 풀고 정답 및 해설을 확인하고 바로 넘어가는 학습은 후에 다른 문제를 풀 때 힘을 발휘할 수가 없다. 실전에 보다 도움이 되는 학습을 하기 위해서는 기출문제를 꼼꼼히 분석하면서 다음과 같은 질문들을 스스로에게 던져 보아야 할 것이다.

※ 여기서 주목해야 할 것은, 이와 유사한 문제가 이미 제2회 2010 LEET 문11, 문15, 제3회 2011 LEET 문22에서 출제되었다는 점이다.

따라서 기출문제를 유형별로 묶어 제대로 분석하고 학습한다면 향후 출제될 유사문제를 정확하고 신속하게 해결할 수 있을 것이다.

1. 이 문제를 틀렸다면 이제는 정확히 이해했는가?
   다시 출제된다면 틀리지 않을 수 있는가?
2. 문제를 구성하고 있는 핵심적인 사항들은 무엇인가?
3. 어떻게 하면 보다 효율적으로 해결할 수 있을까? 효율적인 해결의 메커니즘은 무엇인가?
4. 실전을 위한 문제 풀이의 시사점은 없는가?
5. 보충적으로 학습해야 할 것들은 있는가?

POINT

1. 문제 구성에 사용된 핵심 논리
ⅰ) P∨Q→R ≡(P→R)∧(Q→R)
ⅱ) P∧Q →R 이라고 할 때, P라고 하여 반드시 R인 것은 아님.
ⅲ) P∨Q 라고 할 때, ~P이면 반드시 Q가 됨. (선언지 제거 규칙)

2. 효율적인 문제 해결 TIP : 문제 해결의 시작점
ⅰ) 조건적 관계로 제시된 정보보다는 확정적인 사실을 언급하고 있는 정보를 문제 해결의 시작점으로 삼는다.
ⅱ) 추론의 타당성을 판단할 때에는 '결론'의 내용부터 점검하고 이를 문제 해결의 시작점으로 삼는다.

3. 선택지의 구성도 조금씩 관심을 갖는다.

이 문제를 풀면서 우리가 느낄 수 있었듯이 논리학을 제대로 학습하지 않았다 하더라도 중고등학교 수학시간에 배운 지식을 활용하여 어느 정도 접근은 가능하다. 그러나 정확하고도 신속한 문제풀이를 위해서는 시험에 활용되는 정도의 기초 논리학 학습은 하여야 할 것이다.

Ⅱ 일상언어추리 및 논증문항, 어떻게 학습해야 할까?

최근 출제 비중이 커지고 있는 일상언어추리와 논증 문항은 어떻게 학습하는 것이 좋을까? 수험생들이 힘들어 하는 '강화 약화 판단' 유형의 문제를 살펴보도록 하겠다. 먼저 아래 문제를 풀어보기 바란다.

| 제2회 2010 LEET 문1 |
다음 견해에 대한 평가로 가장 적절한 것은?

> 갑 : 법은 실제로 사람들에 의해 잘 지켜지고 또 법을 지키지 않는 사람이 제재될 경우에만 효력이 있다. 부동산의 명의신탁을 금지하는 법 규정이 있지만, 명의신탁이 흔할 뿐 아니라 제재도 제대로 이루어지지 않는다면 그러한 법 규정은 있으나마나 한 것이다.
>
> 을 : 법이란 일단 정해진 절차에 따라 제정되고 공포되면, 실제로 지켜지고 있는지, 또 지켜지지 않는 데에 대하여 처벌이 이루어지는지 여부와는 무관하게 효력이 있다. 예컨대 낙태를 처벌하는 법 규정은, 실제로 지켜지지 않고 처벌사례도 거의 없다 할지라도 효력을 갖는다.
>
> 병 : 법이 정해진 절차에 따라 제정되고 공포되었다고 하여 무조건 효력이 있는 것은 아니다. 법은 법이 추구해야 할 이념 내지 가치를 구현할 경우에만 효력이 있다. 진정한 법은 올바른 법이다. 가령 합리적인 이유 없이 장애인을 차별하게 되는 법률은 효력이 없다.

① 법 규정이 없더라도 일정한 관습이 성립되고 그에 대한 국민들의 법적확신이 생기게 되면 법으로서 효력을 가질 수 있다는 것은 갑의 논지를 약화하고 을의 논지를 강화한다.
② 위반사례가 있음에도 불구하고 수십 년 동안 한 번도 적용된 적이 없는 법 규정이더라도 관련사건이 기소되면 법관이 이를 적용하여 재판한다는 것은 갑의 논지를 약화하고 을의 논지를 강화한다.
③ 도덕적으로 정당한 제정법이라도 사람들이 제대로 지키지 않는 한 법으로서 효력이 없다고 한다면 갑의 논지가 약화되고 병의 논지는 강화된다.
④ 법률가가 어떤 법이 효력이 있는지 여부를 확인할 때 법전에서 법의 제정 및 시행여부만을 확인할 뿐 그 내용을 따지지 않는다는 것은 을의 논지를 약화하고 병의 논지를 강화한다.
⑤ 애당초 정의(正義)를 의식적으로 부정할 목적으로 제정된 법은 법으로서의 효력을 갖지 않는다는 것은 을의 논지를 강화하고 병의 논지를 약화한다.

문제는 잘 풀었는가?

　문제의 정답은 2번이다. 이 문제의 정답을 고르는 데 그렇게 어렵지는 않았을 것이다. 2번을 제외한 각각의 선택지에서 명확히 틀린 부분들을 쉽게 발견할 수 있기 때문이다.

　그러나 정답을 맞혔다고 하여 정답을 확인하고 넘어가는 식으로 학습해서는 오히려 틀린 경우보다 진도는 빨리 나갈 수 있을지 모르나 학습의 효과는 작다고 할 수 있다. 설령 정답을 맞혔다 하더라도 다른 선택지들의 정오답의 근거들을 하나씩 꼼꼼히 살피면서 정오답 판단 기준과 문제 풀이 시 주의할 점들을 정리해 나갈 필요가 있다.

 제시문의 핵심 내용을 정리해 보자.

> 갑 : 법이 실제로 효력 → 효력 [그렇지 않으면 효력 없음]
>
> 을 : 법 제정의 형식적 요건 → 효력 [그렇지 않으면 효력 없음]　↶ 갑의 주장과 무관하게
>
> 병 : ~을 [형식적 요건 갖췄다고 무조건 효력 있는 것은 아님]
> 　　법의 이념과 가치 구현 시 효력 [그렇지 않으면 효력 없음]　↶ 을의 형식적 요건도 필요
>
> => 갑과 을 : 상반된 주장
> 　　을과 병 : 상반된 주장

먼저 정답인 선택지 2번을 검토해 보도록 한다.

> ② (O) ~실효적 지배 & 법 규정 & 효력
>
> ⇒ 갑 약화, 을 강화

[참조 : 법학전문대학원협의회 해설]

법관이 오랫동안 적용되지 않던 법규정을 적용하여 재판한다는 것은 법의 효력을 실효성으로 이해하는 갑의 논지를 약화하고, 법의 효력을 합법성으로 이해하는 을의 논지를 강화한다.

다음은 선택지 1번을 검토하도록 한다.

> ① (X) 일단 '(형식적 요건을 갖춘) 법 규정이 없는데 법으로서 효력을 가질 수 있다'는 것은 을의 논지를 직접적으로 반박
>
> ⇒ 을의 논지 '~강화' [을의 논지 약화]　↶ 선택지 명확하게 제거 가능
>
> ⇒ 갑 약화, 을 강화

생각해 보기! 그러면 위 진술은 갑의 논지를 약화하는가, 강화하는가, 아니면 약화하지도 않고 강화하지도 않는 무관한 진술인가?

[법학전문대학원협의회 해설]

일정한 행위 양식이 관습으로서 실효성을 가지게 되고, 또 국민들의 법적 확신을 얻을 경우 관습법으로서의 법의 효력을 가진다는 진술은 갑의 논지를 강화한다. 또 관습법이 성립할 수 있다는 것은 법의 효력이 제정 절차와 무관할 수 있다는 것을 의미하므로 을의 논지를 약화한다.

판단

'관습 & 법적 확신 → 법의 효력' ['~법의 실효성 & 효력' 해석 시] ⇒ 갑의 논지 약화

일정한 관습이 법적 확신 얻게 되면 법으로서 효력

['관습법이 실질적으로 기능 & 법의 효력' 해석 시] [법의 실효성 & 효력] ⇒ 갑의 논지 강화

정리

- 협의회 해설은 '명시적인 언급' 여부만으로 강화 약화를 판단하고 있지 않음.
  : 선택지의 진술을 '실효성이 있는 경우'로 해석하여 강화 – 약화, 중립을 판단하고 있음.
- 결국 '제시문에 명시적으로 언급되지 않은 진술'이라고 하여 무조건 '무관(중립)' 사례로 판단하기보다는 '개연적이고 합리적이고 종합적인 해석'을 통해 강화 – 약화, 중립을 판단할 필요가 있음.
  : 갑의 논지(핵심 내용)는 '실제로 법으로서 기능'하고 있는가가 포인트!

다음은 선택지 3, 4, 5번을 보도록 하겠다.

③ (×) ~실효적 지배 → ~효력 ⇒ 갑 강화

정당한 법 & ~효력 ⇒ 병 약화

[법학전문대학원협의회 해설]
법의 효력을 정당성과는 무관하게 실효성만을 기준으로 보자는 것이므로 갑의 논지는 강화되고 병의 논지는 약화된다.

④ (×) 법의 제정 및 시행 → 효력 ⇒ 을 강화

내용 고려하지 않음 ⇒ 병 약화

[법학전문대학원협의회 해설]
법률가가 법의 효력 여부를 법의 제정 및 시행 여부에서 확인한 진술은 합법성의 차원에서 보는 을의 논지를 강화한다. 또 법률가가 정당성에 대해서는 관심을 두지 않는다는 것이므로 병의 논지를 약화한다.

⑤ (×) 정의 부정 → 효력 없음 ⇒ 병 강화

제정된 법 & 효력 없음 ⇒ 을 약화

[법학전문대학원협의회 해설]
법이념에 반하는 제정법도 을의 입장에서는 허용된다. 따라서 정의를 의식적으로 부정할 목적으로 제정된 법은 법으로서의 효력을 갖지 않는다는 진술은 을의 논지를 약화한다. 반면에 법의 효력을 정당성으로 이해하는 병의 논지를 강화한다.

이 문제를 통해 확인한 문제풀이 시 주의할 사항들을 정리해 보면 다음과 같다.

1. 선택지의 진술은 갑을병 견해에 대한 명시적인 내용만으로 구성되어 있지 않음. 명시적인 내용이 아니라고 하여[즉 제시문에 표현된 동일한 용어로 선택지가 구성되어 있지 않다고 하여] **무조건 '중립'으로 판단할 것이 아니라**, 일정한 해석 하에서 강화, 약화, 중립을 판단하여야 함.
2. 명제논리 및 술어논리에서의 only 개념은 매우 엄격하게 해석하지만, **실제 논증 문제에서는 일상적인 언어 수준으로 해석하여 판단**. 즉 반대해석을 포괄적으로 인정하고 있음.
3. 선택지에 언급된 하나의 주장 내지 사실이 두 개의 진술(갑, 을, 병)에 동시에 영향을 줄 수 있는 이유는 갑~병의 주장이 독립적이지 않고 서로 관련성을 가진 논쟁이기 때문.

앞서 살펴본 문제는 법률 소재로 구성된 강화약화 판단 문제였고, 하나 더 살펴보려고 하는 것은 '가설'을 소재로 한 강화약화 판단문제이다. 먼저 아래 문제를 풀어보기 바란다.

| 제4회 **2012 LEET** 문25 |

〈사실 및 추정〉에 비추어 두 가설을 평가한 것으로 옳은 것은?

〈사실 및 추정〉
얼굴이나 음성의 인식 및 감정과 관련한 신경 체계는 다음처럼 작동한다. 대뇌 측두엽에는 얼굴과 사물의 인식에 특화된 영역이 존재한다. 이 영역에 손상을 입은 환자는 친밀한 사람의 얼굴을 알아보지 못한다. 측두엽에서 인식된 얼굴 정보는 감정 반응을 만드는 변연계로 보내진다. 변연계 입구인 편도가 인식된 정보의 감정적 의미를 먼저 분별하고, 이를 감정 반응을 일으키는 변연계의 감정중추로 중계한다. 음성 인식 영역에서 인식된 정보는 시각 정보와는 다른 경로로 편도에 도달하지만 편도 이후의 경로는 동일하다. 변연계 감정중추의 작용에 의해서 우리는 비로소 분별된 감정 정보에 어울리는 친숙함, 사랑, 두려움 등의 감정을 느끼게 된다. 손바닥에 나는 땀을 이용하여 변연계에서 일어나는 감정적 반응을 측정하는 GSR(피부전도반응) 시험에서, 정상인은 가족사진을 보면 높은 GSR을 보이지만 낯선 얼굴을 보면 아무 반응도 보이지 않는다.

자동차 사고를 당한 A가 사고 전과 달리 자신과 가까운 인물들을 가짜라고 여기는 망상증을 보였다. 그는 아버지를 보고, "저 남자는 내 아버지와 똑같이 생겼지만, 진짜가 아닌 가짜입니다."라고 말한다. 이러한 현상은 A가 부모 얼굴은 알아보지만 부모와 연관된 정서적 감정을 느끼지 못하기 때문에 일어나는 것으로 추정된다. 이런 추정과 관련하여 두 가지 가설을 세우고 몇 가지 사례를 통하여 이들을 각각 평가해 보았다.

〈가설1〉 A의 증상은 시각 인식 영역과 편도 사이의 연결 경로가 손상되었기 때문이다.
〈가설2〉 A의 증상은 변연계 감정중추가 손상되어 감정 능력에 혼란이 생겼기 때문이다.

① A가 오바마나 아인슈타인 같은 유명인의 얼굴을 알아본다는 사실은 〈가설1〉은 강화하고 〈가설2〉는 약화한다.
② A가 부모 얼굴에 대한 GSR 시험에 아무 반응을 보이지 않는다는 사실은 〈가설1〉은 약화하고 〈가설2〉는 강화한다.
③ A가 농담에 웃고 자신의 처지에 대한 좌절이나 두려움 등의 정상적 감정을 보인다는 사실은 〈가설1〉과 〈가설2〉 모두를 약화한다.
④ A가 낯은 익지만 별다른 감정을 느낄 이유가 없는 사람에 대해서는 가짜라고 말하지 않는다는 사실은 〈가설1〉은 약화하고 〈가설2〉는 강화한다.
⑤ A가 부모와 전화로 이야기하는 동안에는 부모를 가짜라고 주장하지 않고 정상적인 친근감을 보인다는 사실은 〈가설1〉은 강화하고 〈가설2〉는 약화한다.

문제는 잘 풀었는가?

문제의 정답은 5번이다. 이 문제의 경우 제시문의 정보를 잘 구분해서 구조적으로 파악하지 못할 경우 명확한 판단이 어려울 수 있다. 먼저 시각정보와 음성정보에 대한 구분이 있어야 하고, 〈가설 1〉과 〈가설 2〉가 어떠한 의미를 가지는지 파악하여야 한다. 그럼 문제를 살펴보도록 한다.

제시문의 핵심 내용을 정리해 보자.

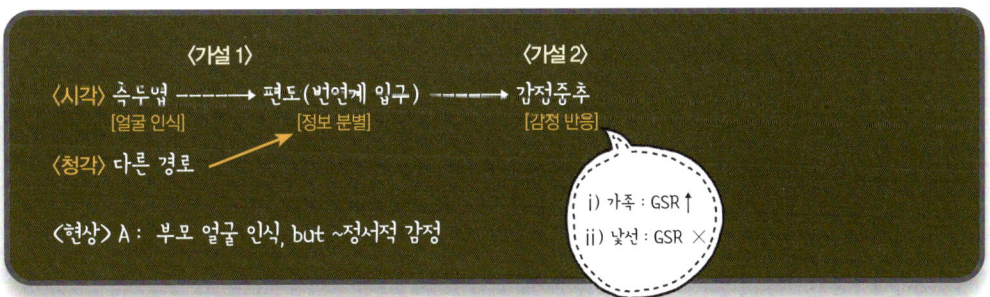

선택지 1번부터 검토하도록 한다.

① (X) 얼굴을 알아보는 것은 대뇌 측두엽은 문제가 없음을 의미.

A가 유명인의 얼굴을 알아본다는 사실은 A의 현상에 대한 추정 내용으로, 〈가설1〉이나 〈가설2〉이 참일 확률을 높이지 못함. 단지 약화하지 않을 뿐임.
[중립 사례]
=> 〈가설1〉을 강화하지도 않고, 〈가설2〉를 약화하지도 않는다.

[참조 : 법학전문대학원협의회 해설]
유명인의 얼굴을 인식한다는 사실은 A의 측두엽 얼굴 인식 영역이 아무런 손상을 입지 않았다는 것으로, 이 사실은 그 자체로는 두 가설과 모두 양립 가능하며, 두 가설을 모두 지지하는 사례로 해석될 수도 있다.

 협의회 해설은 선택지의 사례에 대한 명확한 판단을 제시하고 있지 않다. 단지 가능성만 제시하고 있다. 해설 말미에 '두 가설을 모두 지지하는 사례로 해석될 <u>수도</u> 있다'고 말하고 있다. 양립 가능한 사례는 중립 사례와 강화 사례가 있는데, 위 사례는 중립 사례로 봄이 적절하다.

선택지 2번을 검토하도록 한다.

② (X) 'A가 부모 얼굴에 대한 GSR 시험에 아무 반응을 보이지 않는다는 사실'은 '감정적 반응을 보이지 않았다. 부모와 관련된 정서적 반응을 보이지 않았다.'는 의미이다.

이 내용은 제시문에서 이미 언급하고 있는 A의 상태에 대한 추정 내용으로, 〈가설 1〉이나 〈가설 2〉이 참일 확률을 높이지 못함. 단지 약화하지 않을 뿐임.
[중립 사례]

=> 〈가설1〉을 약화하지도 않고, 〈가설2〉를 강약화하지도 않는다.

[법학전문대학원협의회 해설]
두 가설의 주장이 옳다면, 이들은 모두 A가 부모 얼굴에 GSR 반응을 보이지 않을 것이라고 예측한다. 따라서 이 사실은 그 자체로는 두 가설의 주장과 모두 양립 가능하며, 두 가설을 모두 지지하는 사례로 해석될 <u>수도</u> 있다.

판단 협의회 해설은 선택지의 사례에 대한 명확한 판단을 제시하고 있지 않다. 단지 가능성만 제시하고 있다. 해설 말미에 '두 가설을 모두 지지하는 사례로 해석될 <u>수도</u> 있다'고 말하고 있다. 두 가설의 주장이 옳은 경우만을 언급하고 있는데, 두 가설의 주장이 틀려도, (다시 말해 다른 원인에 따른 A의 현상이라고 하더라도), A가 부모 얼굴에 GSR 반응을 보이지 않을 것이라는 것은 예측될 수 있음. 따라서 약화사례로도 해석될 수 있다는 측면에서 위 사례는 중립사례로 봄이 적절하다.

선택지 3번을 검토하도록 한다.

③ (X) 'A가 농담에 웃고 자신의 처지에 대한 좌절이나 두려움 등의 정상적 감정을 보인다는 사실'은 A는 농담이라는 청각 정보를 인식할 수 있고, 청각을 통해 편도에 전달된 정보는 감정 중추로 이동하여 정상적 감정을 보이고 있다는 것으로 '시각인식영역 (측두엽)에서 편도 사이의 연결 경로가 문제가 있어 A의 현상이 발생했음'을 의미. (사실에 대한 해석이 개입)

• 〈가설 1〉을 직접적으로 지지하는 사례임. => 〈가설 1〉 강화

• A는 결국 정상적 감정을 보일 수 있다는 것으로 '감정 중추가 문제'라는 〈가설 2〉를 직접적으로 반박. => 〈가설 2〉 약화

[법학전문대학원협의회 해설]
이 답지의 내용은 A가 정상적 감정을 느낀다는 것으로 〈가설 2〉를 약화시킨다. 하지만, 〈가설 1〉은 감정을 느끼는 능력이 손상되었다고 주장하지 않으므로 이 사례를 통해서 약화되지는 않는다. **상대적인 의미에서 〈가설 1〉을 강화시키는 사례**이다.

두 개의 가설 중 어느 하나가 약화되면 다른 하나는 강화된다고 할 수 있을까? 반대로 어느 하나가 강화된다면 다른 하나는 약화된다고 할 수 있을까?

- 〈가설 1〉이 참이라면 〈가설 2〉는 거짓인가(거짓일 확률이 높아지는가)?
- 〈가설 2〉가 참이라면 〈가설 1〉은 거짓인가(거짓일 확률이 높아지는가)?

〈가설 1〉과 〈가설 2〉가 양립가능하며 전혀 별개의 주장이라면, 〈가설 1〉의 강화가 〈가설 2〉를 직접적으로 약화한다고 말하기 어려우나, 〈가설 1〉과 〈가설 2〉가 전혀 별개의 주장이 아니라 서로 경쟁적인 주장이라고 한다면(설령 양립은 가능하다고 하더라도), 〈가설 1〉이 강화되면 〈가설 2〉는 상대적으로 약화될 수 있음.(참일 확률이 떨어짐.)

선택지 4번을 검토하도록 한다.

④ (✕) 'A가 낯은 익지만 별다른 감정을 느낄 이유가 없는 사람에 대해서는 가짜라고 말하지 않는다는 사실'이 의미하는 바는?

- A의 감정 중추가 문제가 없다고 하더라도 (또는 문제가 있다고 하더라도) 동일한 반응을 보이게 됨을 의미하므로 〈가설 2〉을 강화하지도 약화하지도 않음. [중립 사례]
- A의 '시각인식영역(측두엽)에서 편도 사이의 연결 경로'가 문제가 없다고 하더라도 (또는 문제가 있다고 하더라도) 동일한 반응을 보이게 됨을 의미하므로 〈가설 1〉을 강화하지도 약화하지도 않음. [중립 사례]

[법학전문대학원협의회 해설]

낯익은 사람을 알아본다는 사실은 ①과 마찬가지로 얼굴 인식 영역에 아무런 문제가 없음을 보여준다. 그런데 A가 이 사람에 대해서 아무런 감정을 느낄 이유가 없으므로, 부모의 경우와 달리 얼굴 인식과 그 얼굴에 대한 감정적 반응 사이에 아무런 갭을 느낄 필요가 없다. 따라서 지문의 추정(아버지의 얼굴 인식에 연관된 정서적 경험이 동반하지 않으므로 아버지를 가짜라고 주장)을 따르면, A는 이 사람을 가짜라고 주장할 이유가 없다. 다른 한편으로 이 경우는 설령 감정적 경험이 결여되었다 하더라도 그 원인이나 그것에서 파생하는 결과에 대해서 아무런 구체적 주장을 하고 있지 않으므로, 두 가설 중의 어느 하나를 특별히 지지하는 사례로 볼 수 없다.

선택지 5번을 검토하도록 한다.

⑤ (O) 'A가 부모와 전화로 이야기하는 동안에는 부모를 가짜라고 주장하지 않고 정상적인 친근감을 보인다는 사실'이 의미하는 바는?

- '전화로 이야기한다는 것은 청각정보의 인식과 관련된 것으로 청각정보의 인식과 전달, 그리고 이에 대한 감정적 반응은 전혀 문제가 없다'는 것으로, 'A의 증상은 시각인식영역(측두엽)에서 편도 사이의 연결 경로가 문제'라는 〈가설 1〉을 직접적으로 지지(강화)하고, '감정 중추'가 문제라는 〈가설 2〉를 직접적으로 약화한다. 청각을 통해서는 감정적 반응을 일으켰기 때문에 '감정 중추' 자체의 문제는 아니기 때문.

[법학전문대학원협의회 해설]

〈가설 1〉의 시각 정보가 편도에 이르는 경로에 문제가 생겼다는 주장과 (2)에서 시각 정보와 음성 정보가 편도에 이르는 경로가 다르다는 정보, 그리고 (3)과 (4)의 변연계가 정상이라는 정보를 결합시키면, 우리는 A가 부모의 음성에는 정상적으로 반응할 것임을 추론할 수 있다. 답지 ⑤의 전화를 통한 음성 인식 정보에 반응하여 부모에게 정상적인 감정을 느낀다는 사실은 이를 확인시켜주므로 〈가설 1〉을 강화한다. 다른 한편, 이러한 사례는 정상적인 감정을 느끼는 능력에 아무런 문제가 없음을 보여 주므로 (4)의 변연계 감정중추가 손상되지 않았음을 추론할 수 있게 해주며 그 결과 〈가설 2〉를 약화시킨다.

강화 약화 판단 관련 주요사항을 정리해 보면 다음과 같다.

POINT

1. 가설을 지지(강화)하는 사례
- 가설의 주장에 부합하는 사례
- 가설에 따른 예측(추론)에 부합하는 사례

주의! 양립 가능하다고 무조건 지지 (강화)하는 사례 아님

2. 가설을 약화하는 사례
- 가설을 직접적으로 반박하는 사례
- 가설과 양립하기 어려운 사례

3. 가설을 평가하는 사실(사례)의 특징
- 일정한 해석이 개입 [합리적이고 일반적(개연적)인 해석을 전제로 문제를 풀어가야.]

생각해 보기!

4. 두 개의 가설 중 어느 하나가 약화되면 다른 하나는 강화된다고 할 수 있을까? 반대로 어느 하나가 강화된다면 다른 하나는 약화된다고 할 수 있을까?

- 〈가설 1〉이 참이라면 〈가설 2〉는 거짓인가(거짓일 확률이 높아지는가)?
- 〈가설 2〉가 참이라면 〈가설 1〉은 거짓인가(거짓일 확률이 높아지는가)?

〈가설 1〉과 〈가설 2〉가 양립가능하며 전혀 별개의 주장이라면, 〈가설 1〉의 강화가 〈가설 2〉를 직접적으로 약화한다고 말하기 어려우나, 〈가설 1〉과 〈가설 2〉가 전혀 별개의 주장이 아니라 서로 경쟁적인 주장이라고 한다면(설령 양립은 가능하다고 하더라도), 〈가설 1〉이 강화되면 〈가설 2〉는 상대적으로 약화될 수 있음.(참일 확률이 떨어짐.)

5. 출제기관인 법학전문대학원협의회에서 발간한 해설서라고 해서 무비판적으로 수용하는 것은 적절치 않음. 출제위원이 직접 작성한 해설서가 아니라 연구단의 연구원들이 작성한 해설서이므로 오류가 있을 수도 있음. 판단의 논리를 잘 점검하고 정리해 가는 것이 중요함.

Ⅲ. 수리추리&논리게임, 무조건 포기할 것인가?

LEET 확정개선안이 발표된 해인 2016년, 2017 LEET부터 최근 시험인 2023 LEET까지 수리추리와 논리게임은 공식적으로 3~4문제가 출제되고 있다. 따라서 고득점을 목표로 하지 않는 경우에는 다소 시간이 많이 소요될 뿐 아니라 풀린다는 보장도 없는 수리추리와 논리게임을 포기하고 다른 문제에 집중하는 것도 훌륭한 전략이 될 수 있다. 하지만, 고득점을 목표로 하는 경우에는 모두 버릴 수는 없는 것이므로, 수리추리와 논리게임의 유형 및 난이도를 고려한 전략적인 접근이 필요하다.

수리추리와 논리게임 문제는 짧은 시간의 학습을 통해 완전히 극복하기가 사실상 쉽지 않다. 특히 수리추리의 경우 워낙 다양한 문제가 출제될 수 있어 특정 기출 패턴을 제외하고는 학습보다는 수리적 감각 여부에 따라 득점여부가 결정되는 측면이 있기도 하다. 다행스러운 것은 2017 LEET 이후 수리추리와 논리게임 문항이 다소 축소되고 있다는 사실이다. 이는 2016년 확정개선안의 분류에서도 엿볼 수 있다. 하지만 공식적으로는 수리추리와 논리게임 문항이 줄어들고 있지만 2018 LEET나, 2021 LEET에서 2023 LEET에 이르기까지 언어지문형 수리추리[언어추리로 분류되나, 문제해결에 계산이 필요하거나 표, 그래프 등이 사용된 문제]가 10문항 내외로 출제되고 있음을 고려할 때 중상위권을 목표로 하는 경우에도 수리적 계산에 대한 학습을 소홀히 해서는 안 될 것이다.

그럼 이제 문제해결의 논리가 유사한 수리추리 2문제를 가지고 어떻게 학습하여야 좋은지 살펴보도록 하겠다. 먼저 다음 문제를 풀어 보도록 한다. 앞서 풀었던 것처럼 문제를 푸는 데 걸린 시간을 적어 놓기 바란다.

| 제3회 **2011 LEET** 기출 |

세 상품 A, B, C에 대한 선호도 조사를 실시했다. 조사에 응한 사람은 가장 좋아하는 상품부터 1~3순위를 부여했다. 두 상품에 같은 순위를 표시할 수는 없다. 조사의 결과가 다음과 같을 때 C에 3순위를 부여한 사람의 수는?

> - 조사에 응한 사람은 20명이다.
> - A를 B보다 선호한 사람은 11명이다.
> - B를 C보다 선호한 사람은 14명이다.
> - C를 A보다 선호한 사람은 6명이다.
> - C에 1순위를 부여한 사람은 없다.

① 8　　　　② 7　　　　③ 6　　　　④ 5　　　　⑤ 4

문제는 잘 풀었는가?

본 문제의 정답은 1번이다. 풀긴 풀었지만 틀렸는가? 아니면 어떻게 풀어야 할지 감조차 잡히지 않는가? 풀기는 풀었는데 틀린 분이나 어떻게 풀어야 할지 감조차 잡히지 않은 분들은 이어지는 문제를 먼저 학습하고 와서 다시 풀어볼 것을 권한다.

이 문제는 제3회 2011년 기출문제이다. 뒤에 이어지는 문제는 제1회 2009 LEET 시험 전에 일종의 리허설 개념으로 실시된 2009 LEET 예비시험 문제이다. 이어지는 문제를 풀어보고 난 후 다시 와서 이 문제를 풀어보라고 하는 이유는, 이전의 기출문제에 대한 제대로 된 학습 및 분석이 이후에 출제되는 기출문제 해결에 직접적인 도움이 됨을 보이기 위함이다.

문제를 풀기는 풀었는데 시간이 많이 걸린 수험생은 좀 더 효율적인 해결방법은 없을까를 고민해야 한다. 또한 효율적인 해결방법을 습득한 이후에는 이러한 효율적인 해결의 단서는 어디에서 어떻게 찾을 수 있는가를 확인하여 유사 문제가 출제되었을 때 이를 활용하여 풀어낼 수 있도록 뇌리에 새겨야 할 것이다.

본 문제는 어떻게 해결하는 것이 좋을까?

일단 문제에서 요구하는 사항과 전체 문제의 구조가 머릿속에 그려지면 바로 문제해결로 들어가면 될 것이고, 전체 골격이 그려지지 않는다면 주어진 정보를 중심으로 그림으로 표현해 보는 것이 좋다.

세 상품에 대해 1~3 순위를 부여했고, 두 상품에 같은 순위를 표시할 수 없다는 것은 ABC를 순서대로 나열하는 만큼 경우의 수가 존재한다는 뜻이다. 다음 그림과 같이 6가지 경우의 수가 존재한다.

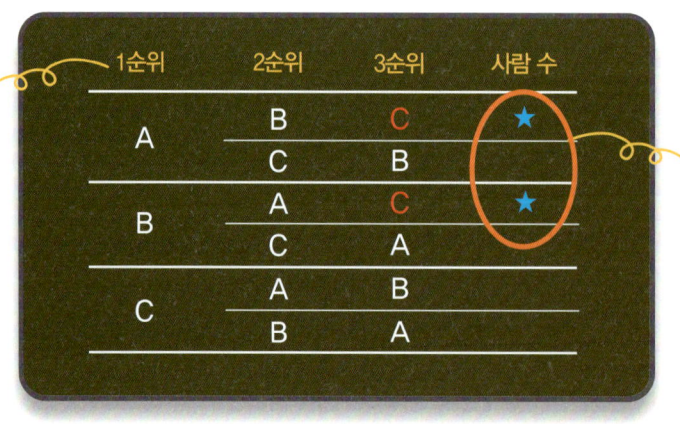

문제에서 요구하는 것은 표에서 ★ 표시된 두 경우의 합이다. 조사의 결과는 각각의 경우에 대한 사람 수를 복합적으로 제시하고 있으므로 결국 이 문제는 각각의 경우(6가지)의 사람 수를 대수(代數)화하여 풀어가는 방정식 문제임을 알 수 있다.

그러나 시험문제는 제한된 시간 내에 풀도록 기획된 문제이기 때문에 변수를 6개보다는 좀 줄여줄 요소가 있는 것이 보통이다. 이러한 측면에서 가장 중요한 조사결과가 가장 마지막에 있는 'C에 1순위를 부여한 사람은 없다.'이다. 결국 경우의 수는 4가지로 줄어들고 4개의 변수를 설정하여 풀어가는 방정식 문제가 된다. 조사 결과를 방정식으로 표현해 보면 다음과 같다.

1순위	2순위	3순위	사람 수
A	B	C	★ⓐ
A	C	B	ⓑ
B	A	C	★ⓒ
B	C	A	ⓓ
C	A	B	×
C	B	A	×

i) ⓐ+ⓑ+ⓒ+ⓓ=20
ii) ⓐ+ⓑ=11
iii) ⓐ+ⓒ+ⓓ=14
iv) ⓓ=6

☞ iii)과 iv)에 의해 ⓐ+ⓒ=8

문제에서 요구하는 것은 ⓐ+ⓒ이므로 굳이 ⓐⓑⓒⓓ 각각의 변수를 구해서 풀어갈 필요 없이 iii)에서 iv)를 차감함으로써 답을 추론할 수 있다.

여기까지 해서 일단 문제풀이는 끝났다. 실전에 보다 도움이 되는 학습이 되기 위해서는 앞서 던졌던 아래의 질문들을 문제분석과 함께 던져 보아야 할 것이다.

1. 본 문제를 틀렸다면 이제는 정확히 이해했는가? 다시 출제된다면 틀리지 않을 수 있는가?
2. 문제를 구성하고 있는 핵심적인 사항들은 무엇인가?
3. 어떻게 하면 보다 효율적으로 해결할 수 있을까? 효율적인 해결의 메카니즘은 있는가?
4. 실전을 위한 문제 풀이의 시사점은 없는가?
5. 보충적으로 학습해야 할 것들은 있는가?

다음 문제는 2009 LEET 예비시험 문제이다. 앞의 문제를 풀지 못하고 온 분들이나 제대로 풀고 온 분들이나 모두 아래 문제를 풀어 보기 바란다. 앞에서 문제를 풀 때와 같이 문제 풀이에 걸린 시간을 적어 놓을 것을 권한다.

| 2009 LEET 예비시험 |

12명의 사람이 모자, 상의, 하의를 착용하는데 모자, 상의, 하의는 빨간색 또는 파란색 중 하나이다. 12명이 모두 모자, 상의, 하의를 착용했을 때 다음과 같은 모습이었다.

- 어떤 사람을 보아도 모자와 하의는 다른 색이다.
- 같은 색의 상의와 하의를 입은 사람의 수는 6명이다.
- 빨간색 모자를 쓴 사람의 수는 5명이다.
- 모자, 상의, 하의 중 1가지만 빨간색인 사람은 7명이다.

이때 하의만 빨간색인 사람은 몇 명인가?

① 1   ② 2   ③ 3   ④ 4   ⑤ 5

 문제는 잘 풀었는가?

본 문제의 정답은 4번이다. 풀긴 풀었지만 틀렸는가? 아니면 어떻게 풀어야 할 지 감조차 잡히지 않는가? 어떻게 풀어야 할지 감조차 잡히지 않은 분들은 문제에서 설명하고 있는 내용과 정보를 수형도를 이용하여 그림으로 표현해 보면서 문제의 전체적인 골격을 파악해 보도록 한다.

 본 문제는 어떻게 해결하는 것이 좋을까?

문제의 골격을 파악해 보면, 12명의 사람이 빨간색과 파란색 두 종류가 존재하는 모자, 상의, 하의를 착용하고 있다는 것이며, 추론의 기초가 되는 4개의 정보를 제공하고 나서 하의만 빨간색을 착용한 사람이 몇 명인지를 묻고 있다. 이 때 존재할 수 있는 경우의 수와 문제의 요구사항(★표시)을 그림으로 표현해 보면 다음과 같다.

모자	상의	하의	사람 수
빨간	빨간	빨간	
		파란	
	파란	빨간	
		파란	
파란	빨간	빨간	
		파란	
	파란	빨간	★
		파란	

문제에서 제시하고 있는 4개의 정보는 각각의 경우에 대한 사람 수를 복합적으로 제시하고 있으므로, 결국 이 문제는 각각의 경우(8가지)의 사람 수를 대수(代數)화하여 풀어가는 방정식 문제임을 알 수 있다.

그러나 시험문제는 제한된 시간 내에 풀도록 기획된 문제이기 때문에 변수를 8개보다는 좀 줄여 줄 요소가 있는 것이 보통이다. 친절한 시험문제의 경우 이와 같이 문제해결의 key를 첫 번째 정보로 제시하지만, 문제가 어려워질수록 뒷부분에 제시하는 것이 일반적이다.

이러한 측면에서 가장 중요한 정보는 첫 번째에 제시되어 있는 '어떤 사람을 보아도 모자와 하의는 다른 색이다.'라는 것으로, 이를 고려하면 경우의 수는 4가지로 줄어든다.

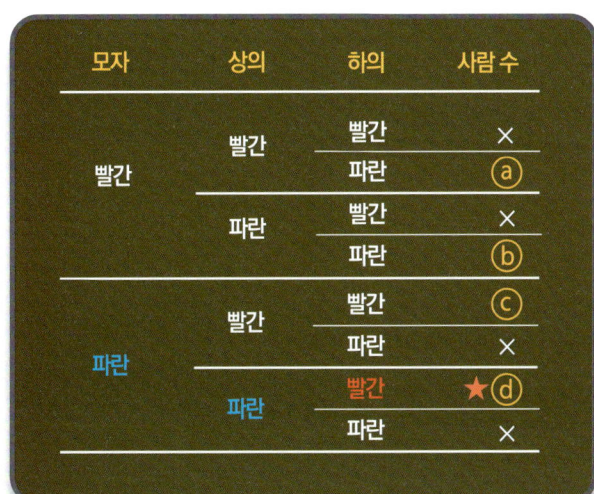

제시된 정보를 방정식으로 표현하여 문제를 풀면 아래와 같다.

ⅰ) 12명의 사람에 대한 것이므로
ⓐ+ⓑ+ⓒ+ⓓ = 12
ⅱ) 두 번째 정보 : ⓑ+ⓒ = 6
ⅲ) 세 번째 정보 : ⓐ+ⓑ = 5
ⅳ) 네 번째 정보 : ⓑ+ⓓ = 7

ⅱ)+ⅲ)+ⅳ) 하면, ⓐ+3ⓑ+ⓒ+ⓓ = 18

여기서 ⅰ)을 빼면 ∴ ⓑ = 3
이를 ⅳ)에 넣으면 ∴ ⓓ = 4

앞서 살펴본 문제와 문제 구성이나 문제를 풀어가는 논리가 상당히 유사함을 느낄 수 있었을 것이다. 앞서서 살펴본 문제를 해결하지 못하고 이 문제부터 학습한 분들은 다시 돌아가서 해설을 보기 전에 자신의 힘으로 다시 한 번 풀어보기 바란다. 우리의 공부는 필자가 설명하는 것을 이해하고 넘어가는 식으로 학습을 마무리하면 안 되고 자신이 직접 풀어보고 몸에 체화시켜 나가는 '적극적이고 능동적인 학습'이 되어야 한다.

IV. 효율적인 문제해결방법은 존재하는가?

다음에 살펴볼 문제는 제5회 2013 LEET 기출문제로 논리게임의 전형적인 유형 중 하나인 참·거짓 퍼즐 문제이다. 먼저 문제를 풀어보기 바란다. 우리 시험은 어떤 특정지식에 대한 암기를 전제로 출제하는 것이 아니라 문제 내에 추론의 근거를 다 주고 있기 때문에 추리논증에 대한 본격적인 학습을 하지 않았다고 하여 무조건 못 푼다고 생각할 것은 아니다.

| 제5회 2013 LEET 기출 |

다음으로부터 바르게 추론한 것은?

> 이번 학기에 4개의 강좌 〈수학사〉, 〈정수론〉, 〈위상수학〉, 〈조합수학〉이 새로 개설된다. 수학과장은 강의 지원자 A, B, C, D, E 중 4명에게 각 한 강좌씩 맡기려 한다. 배정 결과를 궁금해 하는 A~E는 다음과 같이 예측했다.
>
> A : "B가 〈수학사〉 강좌를 담당하고 C는 강좌를 맡지 않을 것이다."
> B : "C가 〈정수론〉 강좌를 담당하고 D의 말은 참일 것이다."
> C : "D는 〈조합수학〉이 아닌 다른 강좌를 담당할 것이다."
> D : "E가 〈조합수학〉 강좌를 담당할 것이다."
> E : "B의 말은 거짓일 것이다."
>
> 배정 결과를 보니 이 중 한 명의 진술만 거짓이고, 나머지는 참임이 드러났다.

① A는 〈수학사〉를 담당한다.
② B는 〈위상수학〉을 담당한다.
③ C는 강좌를 맡지 않는다.
④ D는 〈조합수학〉을 담당한다.
⑤ E는 〈정수론〉을 담당한다.

문제는 잘 풀었는가?

문제의 정답은 3번이다. 이 문제는 제5회 2013 LEET에 출제된 문제로 이전에 출제된 기출문제들을 제대로 분석하고 반복 학습하였다면 제한된 시간 내에 푸는 데 별 지장이 없는 수준의 문제이다.

참·거짓 진술 개수를 통해 기본적으로 생각할 수 있는 경우는 몇 가지가 있는가?

참·거짓 퍼즐 문제는 일반적으로 1) 참·거짓 진술의 개수에 대한 정보와 2) 진술 내용, 3) 추가적 정보 등으로 구성된다.

이 문제의 경우 5명의 진술 중 거짓이 1개, 참이 4개라고 하였으므로 생각할 수 있는 경우의 수는 5가지이다. 5가지 가능성에 대해 하나씩 구체적인 내용을 검토하여 모순이 발생하면 배제하고 그렇지 않으면 여전히 가능성이 열려 있게 된다. 즉, A의 진술이 거짓이고 나머지 4명의 진술은 참인 경우, B의 진술이 거짓이고 나머지 4명의 진술은 참인 경우, C의 진술이 거짓이고 나머지 4명의 진술은 참인 경우, D의 진술이 거짓이고 나머지 4명의 진술은 참인 경우, E의 진술이 거짓이고 나머지 4명의 진술은 참인 경우가 있다.

따라서 문제를 풀어가기 위해서는 각각의 경우를 참·거짓 가정에 따라 진술의 내용을 하나씩 해석하고 이들 간의 관계를 검토하여 진술 간 모순이 발생하면 그 가능성은 배제하고, 진술 간 모순이 발생하지 않으면 가능성 있는 결론으로 받아들여 선택지를 판단하면 된다.

좀 더 빠르게 문제를 풀어갈 만한 단서는 없을까?

문제에서 거짓이 1개, 참이 4개라고 하였으므로 5개의 진술 중 서로 모순되는 내용이 있다면 그 중에 하나는 거짓이고 나머지 하나는 참이 된다는 점에 착안하여 문제를 풀어간다면 5가지 경우를 모두 검토할 필요 없이 2가지 경우만 검토하면 된다. 이 문제에서는 E의 진술이 이러한 문제 해결의 단서가 된다.

이러한 내용을 정리해 보면 다음과 같다.

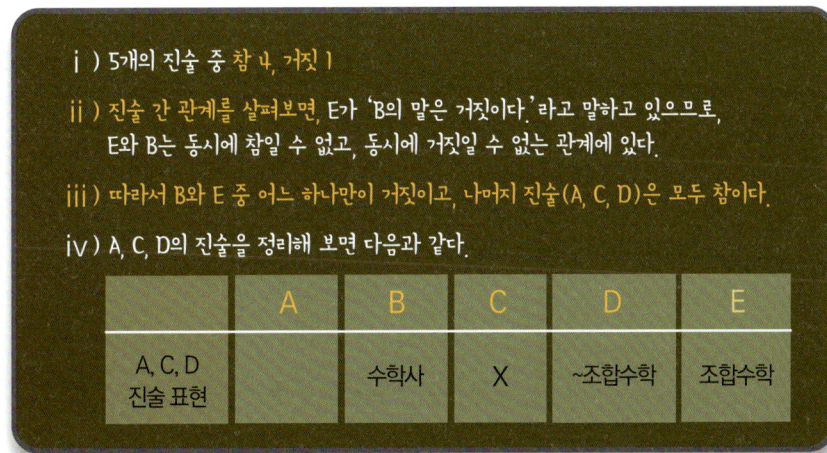

i) 5개의 진술 중 참 4, 거짓 1

ii) 진술 간 관계를 살펴보면, E가 'B의 말은 거짓이다.'라고 말하고 있으므로, E와 B는 동시에 참일 수 없고, 동시에 거짓일 수 없는 관계에 있다.

iii) 따라서 B와 E 중 어느 하나만이 거짓이고, 나머지 진술(A, C, D)은 모두 참이다.

iv) A, C, D의 진술을 정리해 보면 다음과 같다.

	A	B	C	D	E
A, C, D 진술 표현		수학사	X	~조합수학	조합수학

B와 E의 진술이 모순관계라는 것으로부터 5개의 가능성 중 가능성이 2개로 줄어들었다. 이제 이 두 가지의 내용적인 모순 여부를 따져 바른 추론을 하면 된다.

v) 첫 번째 경우 : B의 진술이 거짓이고 나머지 4개의 진술은 모두 참인 경우

B : "C가 〈정수론〉 강좌를 담당하고 D의 말은 참일 것이다."

B의 진술이 거짓
→ C가 〈정수론〉 강좌를 담당하지 않거나 D의 말은 거짓일 것이다.

그런데 가정에 따라 D의 말이 참이므로, 결국 C는 〈정수론〉을 담당하지 않는다.

	A	B	C	D	E
A, C, D 진술 표현		수학사	X	~조합수학	조합수학
B : 거짓					
E : 참					

∴ 진술 간 모순이 발생하지 않으므로 가능한 경우이다.

vi) 두 번째 경우 : E의 진술이 거짓이고 나머지 4개의 진술은 모두 참인 경우

E : "B의 말은 거짓일 것이다."

E의 진술이 거짓 → B의 말은 거짓이 아니다. 즉 참일 것이다.

그런데 가정에 따라 D의 말이 참이므로, 결국 C는 〈정수론〉을 담당하지 않는다.

	A	B	C	D	E
A, C, D 진술 표현		수학사	X	~조합수학	조합수학
B : 거짓		B진술 참			
E : 참			정수론	D진술 참	

∴ C에 대한 진술에서 모순이 발생한다. 따라서 이 경우는 가능성이 배제되어야 한다.

결국 첫 번째 경우(B 진술 거짓, 나머지 진술 참)에 따른 추론만이 바른 추론이 된다.

선택지의 내용을 검토하면 다음과 같다.

① (×) A는 〈수학사〉를 담당하지 않는다.
→ 잘못된 추론이다.

② (×) B는 〈수학사〉를 담당한다. 〈위상수학〉을 담당하지 않는다.
→ 잘못된 추론이다.

③ (O) C는 강좌를 맡지 않는다.
→ 바른 추론이다.

④ (×) D는 〈조합수학〉을 담당하지 않는다.
→ 잘못된 추론이다.

⑤ (×) E는 〈조합수학〉을 담당한다.
→ 잘못된 추론이다.

이상에서 살펴본 바와 같이 논리게임 문제의 경우 효율적인 문제 해결을 위한 단서가 제시문 내에 숨겨져 있음을 알 수 있다.

따라서 논리게임에 대한 체계적인 학습 및 분석을 통해 기본적으로 문제해결방법의 정석을 익힘과 동시에 제한된 시간 내 해결이라는 시험의 상황을 고려하여 효율적인 해결방법을 습득해 나가야 할 것이다.

V. PSAT 등 유사적성시험 문제, 반드시 풀어야 하는가?

다음은 논증 영역의 문제를 통해 PSAT 등 유사적성시험 문제가 시험에 어떻게 도움이 되는지를 같이 살펴보도록 하겠다. 먼저 아래 문제를 풀어보도록 한다.

| 제4회 2012 LEET 기출 |

다음 글에 대한 분석으로 옳은 것만을 〈보기〉에서 있는 대로 고른 것은?

영민은 아래의 〈설명〉을 보고 처음에는 ⓐ"S_1의 낙하가 S_2 낙하의 원인이다."라는 직관적 판단을 했지만, 〈인과 이론〉을 배운 후에는 ⓑ"S_2의 낙하가 S_1 낙하의 원인이다."라는 판단도 가능하다고 생각하게 되었다.

〈설명〉

실린더 속에 금속판 S_1과 S_2가 접해 있다. 위쪽의 S_1은 줄에 매달려 있고, 아래쪽의 S_2는 양 옆에 칠한 강한 접착제에 의해서 지탱되고 있다. 만약 접착제에 의하여 S_2가 지탱되지 않는다면, S_2는 중력에 의해서 낙하할 것이다.

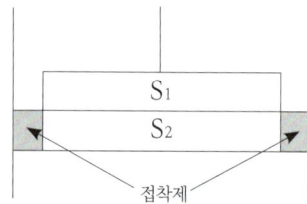

〈인과 이론〉

집중호우가 산사태의 원인이라는 것은 "만약 집중호우가 발생하지 않는다면 산사태가 발생하지 않았을 것이다."로 분석할 수 있다. 즉 사건 A가 B의 원인이라는 것은 A가 발생하지 않으면 B도 발생하지 않는다는 의미이다.

이 이론에 따라 영민은 〈설명〉을 다음과 같이 분석했다. 어떤 시점에 S_1이 매달려 있던 줄이 끊어지고, 그에 따라 자유낙하를 하고자 하는 S_1이 아래 방향의 힘을 S_2에 가하여 접착제가 부서지고, S_2와 S_1이 낙하하게 된다. 영민은 S_2가 S_1보다 먼저 떨어진다고 생각했다. 그래서 영민은 만약 S_2가 낙하하지 않으면 S_1 역시 낙하하지 않을 것이므로, "S_2의 낙하가 S_1의 낙하의 원인이다."라고 판단했다.

─ 〈보기〉 ─

ㄱ. "S_1이 낙하하지 않았다면 S_2 역시 낙하하지 않았을 것이다."라는 판단이 참이라면, 판단 ⓐ는 〈인과 이론〉에 의해서 지지될 수 있다.

ㄴ. 원인은 결과보다 시간적으로 앞선다고 할 때, 영민이 생각한 대로 S_2의 낙하가 S_1의 낙하에 시간적으로 앞선다면 판단 ⓑ는 설득력을 갖는다.

ㄷ. S_1이 아래 방향으로 힘을 가하는 사건과 S_1이 낙하하는 사건을 구분해서, S_1이 아래 방향으로 힘을 가하여 S_2가 낙하하고, 그래서 S_1이 낙하한다고 생각하면, 판단 ⓐ는 옳지만 판단 ⓑ는 옳지 않다.

① ㄴ ② ㄷ ③ ㄱ, ㄴ
④ ㄱ, ㄷ ⑤ ㄱ, ㄴ, ㄷ

문제는 잘 풀었는가?

문제의 정답은 3번이다. 이 문제는 논리학을 전혀 공부하지 않은 사람보다는 오히려 논리학을 조금 공부한 학생들이 틀리기 쉬운 문제이다. 논리학을 조금 공부한 학생의 경우 이후에 학습하게 될 '조건적 관계'와 '인과 관계'는 별개임에도 이를 구분하지 못하고 동일하게 보는 경향이 있기 때문이다. 틀린 분은 이어질 설명을 보기 전에 다시 한번 문제를 천천히 점검해 보고 자신이 왜 틀렸는지를 스스로 진단해 보기 바란다.

그리고 나서 뒤에 이어질 PSAT 기출문제를 먼저 학습하고 나서 본 문제를 다시 풀어볼 것을 권한다. 그렇게 할 때 PSAT 기출문제를 통한 제대로 된 학습 및 분석이 LEET 추리논증 문제를 푸는 데 실질적인 도움을 주는지 느낄 수 있기 때문이다.

문제 설명에 앞서 'PSAT 등 유사적성시험 문제, 반드시 풀어야 하는가'에 대한 답변을 먼저 드리고 가겠다. PSAT과 LEET가 구체적으로 구성되는 문제의 외관에 있어서는 조금 다르게 보일지 몰라도 시험이라는 것은 결국 중요한 개념을 가지고 문제를 구성하는 것이고 그 핵심 쟁점을 인식하느냐 그렇지 못하느냐가 정오답 선택의 결정적인 역할을 하게 되므로 PSAT이나 M/DEET과 같은 유사시험문제에 대한 학습과 분석은 LEET 문제 해결에 직간접적으로 상당한 도움이 된다.

제시문의 핵심 내용은 바르게 이해했는가?

이 문제는 '인과 관계'에 관련된 이론을 가지고 문제화한 것으로, 제시문의 핵심 내용을 정리해 보면 다음과 같다.

```
〈영민의 판단〉

ⓐ $S_1$의 낙하가 $S_2$ 낙하의 원인이다.
ⓑ $S_2$의 낙하가 $S_1$ 낙하의 원인이다. (가능하다고 생각)

〈인과이론〉

 i) A(원인), B(결과) 의미 : "~A → ~B"
  [원인이 없으면 결과는 발생하지 않는다.]

〈인과이론에 따른 영민의 판단〉

 '~$S_2$ 낙하 → ~$S_1$ 낙하'이므로    ∴ $S_2$ 낙하가 $S_1$ 낙하의 원인이다.
```

이해를 위해 부연 설명을 한다면, 〈인과 이론〉에서 말하는 원인이라는 것은 '원인이 없으면 결과는 발생하지 않는다'는 조건만 충족시키면 되는 것이지, '원인이 있으면 결과는 반드시 발생한다'와는 별개다.

〈보기〉의 내용을 검토하면 다음과 같다.

```
ㄱ. (×) if, "~$S_1$ 낙하 → ~$S_2$ 낙하"(참)
〈인과이론〉에 따라 "∴ $S_1$ 낙하가 $S_2$ 낙하의 원인이다." 라고 말할 수 있다.
따라서 〈인과이론〉에 따라 판단 ⓐ는 지지된다.

ㄴ. (×)
〈인과 이론〉의 조건을 충족시킴과 더불어 원인의 추가조건 '시간적 선행'을 $S_2$가 충족시킨다면
ⓑ [$S_2$의 낙하가 $S_1$ 낙하의 원인이다.] 는 보다 설득력을 갖는다.

ㄷ. (×)  if, $S_1$ 힘 → $S_2$ 낙하 → $S_1$ 낙하 [시간적 순서]
ⓐ [~$S_1$ 낙하 → ~$S_2$ 낙하] ?
→ NO ($S_1$ 낙하가 없어도 $S_1$힘이 주어지면 $S_2$ 낙하 가능)

ⓑ [~$S_2$ 낙하 → ~$S_1$ 낙하] ?
→ YES (순서가 앞서는 $S_2$ 낙하 없이 $S_1$ 낙하 불가)
```

언어추리형 문제나 논증형 문제를 풀 때 특히 염두에 두어야 할 사항

LEET 추리논증 문제의 경우 언어적 자료로 구성된 언어추리형 문제나 논증형 문제의 제시문이 다소 긴 측면이 있다. 이로 인해 적지 않은 수험생들이 시간 부족으로 고통을 겪는다. 따라서 수험 준비 초기부터 막연하게 문제를 풀기보다는 항상 시간에 대한 인식을 가지고 '어떻게 하면 정답률을 유지하면서 속도를 제고할 수 있을까'라는 문제의식 하에 학습할 것을 권한다.

문제를 풀 때는 제한된 시간 내 푼다는 생각으로 1차적으로 문제를 풀고 바로 정답을 확인하기보다는 시간을 갖고 다시 문제를 점검한 후 정답을 확인하여 이해의 수준이나 정오답 선택의 결과 차이가 어느 정도인지 확인할 필요가 있다.

그러면 보다 빠르고 정확한 문제해결을 위해 언어추리와 논증 속에 반복적으로 나타나는 특징들에 대한 분석뿐 아니라 중요 핵심 개념에 대한 학습에 보다 관심을 갖게 될 것이고, 이는 점차적으로 빠르고 정확한 문제해결로 이어질 것이다.

다음은 논증 영역의 문제를 통해 PSAT 등 유사적성시험 문제가 시험에 어떻게 도움이 되는지를 같이 살펴보도록 하겠다. 먼저 아래 문제를 풀어보도록 한다.

| PSAT 기출 |
다음 글을 토대로 한 진술로 올바른 것은?

> 〈갑희의 인과 개념〉
> 'X가 Y의 원인이다'라는 문장은 'X가 일어나지 않으면 Y도 일어나지 않는다'는 것을 의미한다. 예컨대 '어제 일어난 교통사고의 원인은 음주운전이다'라는 말은 '어제 운전자가 음주운전을 하지 않았다면 교통사고도 일어나지 않았다'는 것을 의미한다.
>
> 〈을보의 인과 개념〉
> 'X가 Y의 원인이다'라는 문장은 'X가 일어나면 항상 Y도 일어난다'는 것을 의미한다. 예컨대 만일 다운증후군의 원인으로 특정한 염색체 이상을 지목한다면 그것은 그러한 염색체 이상이 있는 경우 반드시 다운증후군이 나타난다는 뜻이다.

① '연기가 나지 않았으면 불도 나지 않았다. 그러나 연기는 불의 원인이 아니다.' 이 주장이 옳다고 밝혀지더라도 갑희의 개념은 인과 관계를 해석하기에 충분하다.
② '토양에 A 성분이 함유되어 있지 않으면 B 성분도 함유되어 있지 않다.'고 밝혀진 경우, '토양의 A 성분 함유가 B 성분 함유의 원인이다.'라는 주장에 을보가 동의할 가능성은 없다.
③ '수진이가 음악회에 가지 않았더라면 그 남자를 만나지 않았을 것이다.'라는 주장이 틀렸다면, 갑희는 수진이가 음악회에 간 것이 그 남자를 만나게 된 원인은 아니라고 말할 것이다.
④ 기압계의 수치가 떨어지는 경우 항상 날씨가 흐려짐에도 불구하고 '기압계 수치의 강하가 흐린 날씨의 원인이다.'라는 주장을 부인할 수 있다면, 을보의 인과 개념이 타당하다는 사실이 밝혀진 셈이다.
⑤ '지우가 부적을 지니고 치르는 경기에서 지우의 팀은 항상 승리를 거둔다.'는 주장이 참인 경우에도 '지우가 부적을 지닌 것이 승리의 원인은 아니다.'라고 누군가가 말한다면, 그는 갑희와는 다른 인과 개념을 적용하고 있는 것이다.

문제는 잘 풀었는가?

문제의 정답은 3번이다. 이 문제의 답을 고르는 데에는 그렇게 어렵지 않았을 것이다. 다른 선택지에 대한 정확한 판단을 할 수 없었다 하더라도 3번 선택지가 옳다는 것을 쉽게 파악할 수 있었기 때문일 것이다.

그러나 여기에 만족해서는 응용될 수 없는 공부로 끝날 수 있다. 이 문제를 통해 우리가 해야 하는 것은 다른 선택지들을 하나씩 꼼꼼히 살피면서 여러 가지 사례에 대해 판단해 보고 추가적으로 가능한 질문들에 대해 미리 답을 해보는 것이다.

제시문의 핵심 내용은 바르게 이해했는가?

1. "원인"이란 용어는 다의적으로 사용되는 용어로서, 서로 다른 의미로 사용될 수 있음에 주의!
2. 〈갑희의 인과 개념〉 X가 Y의 원인이다. : ~X → ~Y ⇔ Y → X (필요조건으로서의 원인)
3. 〈을보의 인과 개념〉 X가 Y의 원인이다. : X → Y (충분조건으로서의 원인)
- 인과관계와 조건문은 별개다.
- 인과관계는 필요조건으로도, 충분조건으로도 정의될 수 있다.

갑희는 '원인이 없이는 결과가 발생하지 않는다'는 조건적 관계를 충족시키면 원인이라는 용어를 사용할 수 있으며, 을보는 '원인이 있으면 결과는 항상 일어난다'는 조건적 관계를 충족시키면 원인이라는 용어를 사용할 수 있다.

이러한 개념을 중심으로 선택지 1, 3, 4번을 먼저 판단해 보도록 한다.

① (×)
~연기 → ~불, ~원인(연기) [참]
⇒ 갑희 인과 개념에 따르면
'~연기 → ~불'인 경우, '연기는 불의 원인'이다.

따라서 갑희의 개념으로는 인과 관계를 해석하기에 부적절하다.

③ (○)
~수진 음악회 → ~그 남자 [거짓]
⇒ 갑희 인과 개념 : ~수진 음악회 → ~ 그 남자 (참) ∴ 원인(수진 음악회)
  ~수진 음악회 → ~ 그 남자 (거) ∴ ~원인(수진 음악회)
∴ 갑희 : ~원인(수진 음악회) ? YES

④ (×)
기압계 수치 ↓ → 날씨 흐려짐(참), ~원인(기압계 수치 강하)
⇒ 을보의 인과 개념 'A(원인) → B' ∴ 원인(기압계 수치 강하)
∴ 을보의 인과 개념 타당? NO [을보의 개념과 상충됨]

다음은 선택지 2번과 5번을 보도록 하겠다.

> ② (✕) 을보 동의 가능성 있음
>
> ~A → ~B (T)
>
> A가 B의 원인이다. : 을보의 동의 가능성 없다? NO [동의 가능]
>
> 을보의 동의 가능성 : (A → B) ∧ (~A → ~B)인 경우
>
> 즉, A와 B가 필요충분조건 관계 [A ↔ B] 인 경우 을보는 위 주장에 동의

> ⑤ (✕) 갑희의 인과개념이 적용되고 있을 수도 있음.
>
> if, 부적 → 승리(T) // "~원인(부적)" 얘기한다면,
> 갑희와는 다른 인과개념 적용? 일단 을보와 다른 인과개념.
>
> ⅰ) 을보와 다른 인과개념이라고 그것이 반드시 갑희와 같은 인과개념이라고 말할 수 있나? 아닐 수 있음. 제3의 인과개념일 수도.
>
> ⅱ) 갑희의 인과개념을 중심으로 판단해야 정확한 판단.
>
> 갑희 : "~원인(부적)" 의미 ⇒ "~부적 → ~승리(거짓)" 즉, ~부적 ∧ 승리
> 따라서 (~부적 ∧ 승리) ∧ (부적 → 승리) 가능하다면 갑희의 인과개념이 적용되고 있는 것일 수도 있음. 가능한가? YES

2번과 5번은 좀 어려운 측면이 있으니 초심자의 경우 이해가 되지 않는다고 하더라도 너무 조급하게 생각하지 않기를 바란다.

이 문제의 핵심적인 사항을 정리해 보면 다음과 같다.

POINT

> **1. 인과개념은 다의적 개념**
>
> **2. 인과 관계와 조건적 관계는 별개임.**
>
> ⅰ) 갑희의 인과개념 : ~X → ~Y(참)   ∴ 원인(○) / ~X → ~Y (거)   ∴ 원인(✕)
>
> ⅱ) 을보의 인과개념 : X → Y(참)   ∴ 원인(○) / X → Y (거)   ∴ ~원인(○)
>
> ⅲ) 갑희와 을보 개념 양립 가능 : (~X → ~Y) ∧ (X → Y) ⇔ (X ↔ Y)
>
> ⅳ) 갑희와 을보 개념 둘 다 부정될 수 있음 : (~X & Y) 존재 ∧ (X & ~Y) 존재

여기까지 해서 추리논증 기출문제를 어떻게 학습하여야 하는지 4가지 질문과 함께 살펴보았다. 지금까지의 내용을 정리한다면, 우리 시험은 사고력과 문제해결능력을 측정하는 시험이다. 학습에 임하면서 항상 'Why?'와 'How?'의 질문을 던져야 할 것이다. 상대적으로 논증영역에서는 'Why?'가 더 중요한 측면이 있고, 수리추리와 논리게임에서는 'How?'가 더 중요한 측면이 있다.